# 한국 기독교문학
## 꼭 읽어야 할 작품들

# 한국 기독교문학
## 꼭 읽어야 할 작품들

| | |
|---|---|
| 초판 1쇄 | 2017년 5월 24일 |
| 지 은 이 | 김수중 |
| 펴 낸 이 | 김현애 |
| 펴 낸 곳 | 예배와 설교 아카데미 |
| 주     소 | 서울특별시 광진구 광장로5길 11-4 |
| 전     화 | 02-457-9756 |
| 팩     스 | 02-457-1120 |
| 홈페이지 | www.wpa.or.kr |
| 등록번호 | 제18-19호(1998.12.3) |
| | |
| 디 자 인 | 디자인집 02-521-1474 |
| 총 판 처 | 비전북 |
| 전     화 | 031-907-3927 |
| 팩     스 | 031-905-3927 |
| I S B N | 978-89-88675-68-7 |

•비움채움은 예배와 설교 아카데미의 임프린트 브랜드 입니다

값 12,000원

# 한국 기독교문학
## 꼭 읽어야 할 작품들

김수중
지음

# 목차

4

# 머리말

　　나는 교수와 목사라는 두 이름을 짊어지고 인생길을 걸어왔다. 능력이 부족한 사람에게 얹힌 두 개의 짐은 참 힘겨웠다. 더구나 신학대학도 아닌 일반대학 교수의 직분과 함께 행정 책임까지 걸머졌던 시간들을 용케도 견뎌온 것이다. 2017년인 올해 조선대학교 국어국문학과 교수로서 정년을 맞게 되므로 이제부터 하나의 이름이 벗겨질 것 같다. 목사로서 문학을 가르쳤으니 기독교문학 전공이 아닐까 하고 생각하실 독자도 있겠지만, 내 분야는 고전서사문학과 설교학이다. 기독교문학과는 어느 정도 거리가 있다.

　　2013년 늦가을, 내가 출석하는 동안교회에서 원고 청탁이 왔다. 월간 묵상지 『동안』 큐티진에 문화기획 연재를 맡아 달라는 것이었다. 나는 이 일을 계기로 한국 기독교문학에서 문제작이라 판단되는 대상들을 가려내어 신앙과 문학 이해에 도움이 될 만한 평설을 쓰겠다는 생각을 하게 되었다. 문학에 대한 전문적인 글이 아니라, 누구나 읽을 수 있고 믿음에 도움이 되는 작품들을 소개하고 싶었다. 그리하여 2014년 1월부터 2016년 12월까지 만 3년에 걸쳐 36회의 연재가 이루어졌다. 감사하게도 동안교회 교우들을 비롯하여 많은 독자들이 따뜻한 관심을 보여주었다.

　　이제 그 글들을 한데 모으고 수정 보완하여 한 권의 책으로 꾸릴 기회를 얻었다. 특히 연재에 없던 것으로서 새롭게 보충한 대목은 작가의 신앙 이력에 대한 부분이다. 기독교문학은 작품의 주제나 소재가 예수 그리스도의 사랑과 구원을 대상으로 삼고 있든지, 아니면 기독교 신앙의 체험이나 교회 공동체의 모습을 다룬 것이어야 한다. 그러나 이를 다룸에 있어 작가의 의도나 발상의 동기가 반기독교적이라 한다면 기독교문학이 될 수 없다. 여기서 작가의 신앙 문제가 대두된다. 작가가 정말 참된 신앙의 바탕 위에서 이 작품을 써낸 것인지 그 여부를 판단하기란 쉬운 일이 아니다. 작가의 신앙적 진실과 깊이를 제삼자가 섣불리 재단할 수는 없는 일이다. 따라서 본서에 작가의 신앙 이력을 첨가한 것은, 이 작가가 그리스도에 대한 믿음을 갖고 창작에 임했는지의 여부를 독자들이 판단의 자료로 삼아 주시라는 의미가 담겨 있다.

이 책을 보시는 분들의 이해를 돕기 위하여 몇 가지 드릴 말씀이 있다. 이를테면 책의 집필과 편집 기준에 관한 것인데 학술적 엄정성을 지닌 글이 아니므로, 기준이라기보다는 다음과 같은 관점에서 읽어 주시도록 정리해 보았다.

1) 기독교문학의 대상인 기독교의 범주에는 개신교와 천주교가 함께 포함되어 있다. 내가 목사이므로 개신교 중심으로 대상을 선택하고 기술한 것이 사실이지만 가톨릭 신앙이 바탕을 이루고 있는 작가와 작품도 배제하지 않았다.

2) 대상 작품의 시대별 선정 기준은 따로 없으나 2000년 이후에 창작된 작품을 주로 뽑았다. 필요에 따라 그 이전의 작품도 몇 편 골랐지

만 그것들은 대부분 최근 개정판이나 전집 출판 등으로 재조명되어 지금 독자들과 활발하게 만나고 있는 것들이다.

3) 이 책의 편집 방식으로 장르별 분류에 따라 소설과 서사문학, 시론과 수필, 평론과 논설로 나누었다. 여기에서 중요한 점은 시와 시집을 일단 제외했다는 것이다. 김현승 시인의 유작 한 편만을 예외로 다루었다. 기독시라는 이름으로 지금도 수많은 분량의 시와 시집이 나오고 있는데 이에 대한 평가와 분석 작업이 선행되어야 할 것이라는 판단 때문이다.

4) 작품 수록 순서는 글의 발표 연대순으로 하는 것을 원칙으로 삼았다. 간혹 그렇지 않은 경우도 있는데 편집상의 이유가 작용했음을 감안해 주시기 바란다.

5) 작가의 신앙 이력에 대한 기술은 정확한 것이 아닐 수도 있다. 출석하는 교회가 달라진 경우를 비롯하여 명확하게 단정하기 어려운 개인적 정황도 있게 마련이다. 작가와 직접 대화했거나 신뢰할 만한 자료를 바탕으로 기술했지만 시간의 흐름에 따라 그것도 변할 가능성을 안고 있다. 그리고 이 내용은 신앙적인 면모를 중심으로 한 까닭에 작가의 작품세계나 주요 저술을 상세하게 기술하지 않았다는 점을 밝혀 둔다.

이 책에서 선별한 작가와 작품을 두고 기독교문학의 정체성 논란이 일어날 수도 있을 것이다. 특정 작가나 작품이 독자의 시각이나 신앙의 보수성 등에 따라 해석이 크게 달라지는 경우가 많다. 새로 창작되는 문학 작품에서 기독교의 정신이나 소재가 얼마나 다양하게 사용되고 있는지를 발견하게 된다면 인식의 폭도 넓혀가야 하지 않을 수 없다. 구원의 감격에서부터 현실적 교회 비판에 이르기까지 여러 모양으로 펼쳐지는 기독교문학의 현상들을 폭넓게 받아들임으로써 이런 논란은 극복될 수 있을 것이다.

이 글을 한 권의 책으로 묶어내도록 도움을 주신 김형준 동안교회 담임목사님께 감사의 말씀을 드린다. 마음을 먼저 열어주는 목회자인 그분으로 인해 나의 교회생활은 늘 기쁨이 넘쳤다. 그리고 이 책을 출판해주신 '예배와 설교 아카데미' 대표 김현애 목사님의 헌신적 배려에도 깊이 감사한다. 끝으로 내 학문과 신앙의 여정을 사랑으로 동행해 준 이들에게 일일이 사례하고 싶다. 여러분의 도움으로 내 인생이 존재할 수 있었고 정년에까지 이르게 되었으니 정말 행복하다. 이제 병석에 누우신 어머니와 기명숙, 김선민, 박은지, 정진홍, 김인영, 정시연, 정주헌, 김지안, 이렇게 온 가족이 주님께 찬양을 드린다.

2017년 이른 봄

김 수 중

# The Must Read in
# Korean Christian Literature

# 1장

기독교 서사문학

# 이청준

『당신들의 천국』

## 울타리가 둘러쳐진 섬

우리 삶의 시간이 흘러간 그만큼 '하나님의 나라'는 가까워진다. 하나님의 나라와 유사한 의미인 '천국'은 마태복음에서 사용된 용어로, 겨 자씨처럼 점점 자라나 완성에 이르는 개념이다(마 13:31~32). 그리스도인들 은 '주님의 날'이 오면 완성된 천국에 살게 될 믿음을 갖고 있지만 그 존재 형태에 관한 해석은 매우 다양하다. 분명한 것은 그 나라가 하나님의 영적 통치를 받는 곳이라는 사실이다. 천국은 예수님 말씀의 중심 대상이며 믿 음을 가진 인간들 최대의 관심사이다.

천국을 사모하는 한국인들에게 이청준의 소설 『당신들의 천국』은 신앙적으로나 인간적으로 깊은 의미를 부여한다. 작가는 이미 고인이 되었고 이 작품도 세상에 나온 지 어언 40년이라는 세월이 흘렀다(이 소설은 1974~1975년, 『신동아』에 연재되었다). 그러나 한국이라는 현실 속에 이상향 건설은 요원해지고, 천국이 '우리들'의 것이 아니라 '당신들'의 것만으로 분리되는 현상이 점차 심화되어 감에 따라 이청준 소설에 대한 관심도 갈수록 높아지고 있다. 최근 『이청준 전집』(문학과지성사, 2012)이 발간되어 진실한 삶에 대한 동경, 죄의식과 용서, 인간적 자유의 갈구 등의 주제들을 되짚어보는 계기가 되기도 했다.

『당신들의 천국』은 여러 가지 면에서 성경을 떠올리게 한다. 성경에 자주 등장하는 한센병 환자를 현실에서 대하듯 한국에 실재하는 소록도와 그곳 환자들의 삶이 이야기의 골격을 이루고 있다. 환자들은 대부분 교인들이며 주인공인 원장은 신앙이 없으면서도 일종의 구원자 같은 역할을 수행한다. 작품의 소제목 가운데 '출소록기'가 나오는 것은 '출애굽기'의 상징성과 연결시키려 한 의도가 분명하다. 모세가 홍해를 뭍으로 변하게 했던 것처럼 주인공 원장은 간척사업을 통해 소록도 한센인들을 가나안 복지로 이끌려는 꿈에 부풀어 있다.

그러나 이 작품은 왜 '천국'의 앞머리에 배타적이고도 냉랭하게 '당신들'이라는 말을 붙여야만 했을까? 5·16 직후에 소록도 병원장으로 부임한 군인 의사 조백헌은 사명감과 책임의식, 경제적 재건 의지 등을 내세우며 소록도를 천국으로 만들겠다는 의욕을 불태운다. 불신감으로 팽배해 있던 원생들에게 인간 개조를 요구하는 한편 바다를 막아 낙토를 만드는 간척사업에 앞장선다. 원장은 실제로 몸을 돌보지 않고 일하면서도 자신의 업적을 과시하지 않는 겸허한 태도를 보여주었다. 하지만 원장의 영웅적 행위를 회의적인 시각에서 바라보는 보건과장 이상욱의 비판은 매서웠다. 원장이 꾸미는 천국은 울타리가 둘러쳐진 천국이며, 섬 바깥에서 이 섬을 저들의 천국이라 말하게 될 바로 그 사람들의 천국일 뿐이라고 했다. 이는 원장의 자기도취적 집념일 수 있고 산업화의 부작용으로 치부할 수도 있다는 것이었다.

> "원장님은 이 섬이나 섬사람들과 운명을 같이하시지 못합니다. 운명을 같이하지 못하는 사람들 사이에선 절대의 믿음이 생길 수 없습니다. 더욱이나 이 섬에서는 사정이 그렇습니다. 그리고 그같은 운명을 살 수 없는 사람들 사이의 믿음이 없는 사랑이나 봉사는 한낱 오만한 시혜자로서의 자기도취적인 동정으로밖에 보일 수가 없습니다. 믿음을 줄 수 없는 사람을, 그 사람의 천국을 받아들이기는 어려운 일이었을 것입니다."

독선적 천국을 거부하며 섬을 탈출했던 이상욱이 원장에게 남긴 편지의 일부분이다. 숙명적으로 수용되어야 하는 환자들의 자유에 대한 갈망, 그들을 위해 헌신하려는 원장의 사랑, 그러나 이 아름다운 자유와 사랑도 서로 간에 믿음이 생길 수 없을 때 결코 천국의 조건이 되지 못한다는 말이다.

작가는 흙더미 방둑을 잇는 간척보다도 사람의 마음과 마음이 먼저 이어지기를 바라며 환자와 비환자 사이의 혼인예식에서 해답을 찾으려 한다. 그렇지만 이 소설은 비환자인 신부가 사실은 미감아 출신임을 감추고 있으며, 아직 혼인식이 시작되지 않은 상태로 막을 내리고 있다. 천국을 이루는 완전한 믿음은 불가능하다는 의미였을까? 이는 작가가 심혈을 기울여 추구했던 기독교적 용서와 구원의 문제에서 답을 찾아보아야 할 것이다. 작가 이청준은 〈행복원의 예수〉(1967), 〈벌레 이야기〉(1985) 등의 작품에서 사람의 일방적인 용서로써 자기의 인간 존재가 부정되는 모순을 심각하게 다루었다. 이 소설에서도 원장이 환자들에게 "여러분은 용서받을 일이 없다"면서 존재의 고귀성을 고양시키는 대목이 나온다. 믿음은 자유와 사랑뿐 아니라 진정한 용서를 포함하고 있으며, 그것들이 '우리들의 천국'을 이루게 할 필수적 요소임을 알려주고 있다.

### 이청준(李淸俊, 1939~2008)은

인간 구원이라는 문제에 매우 진지하게 접근한 작가로 손꼽힌다. 구원은 종교적인 것이며 기독교의 궁극적 목표이다. 그런 의미에서 이청준만큼 작품 속에 기독교를 수용한 작가를 찾기도 쉽지 않다. 구원의 주제와 함께 그는 어두운 세상을 밝히는 그리스도인의 헌신적 행위를 형상화함으로써 큰 반향을 불러일으키기도 했다. 실명한 목사 안요한의 삶을 그린 『낮은 데로 임하소서』는 '종교소설'이라는 명칭을 얻은 대표적 작품이 되었다. 소설의 주인공인 안요한 목사는 실제로 이청준을 가리켜 기독교인이 아니라면 이런 글을 도저히 쓸 수 없다면서 작가의 믿음을 높이 인정하였다.

그러나 이청준은 기독교인이 아니다. 그의 고향인 전라남도 장흥군 회진면에 백 년이 넘은 역사를 가진 진목교회가 있는데, 어렸을 적 그가 주일학교에 다녔던 것을 고향 사람들이 아련히 기억하고 있을 뿐이다. 교회를 떠난 그는 줄곧 관념적 기독교인으로 살아갔다. 기독교를 마음에 수용하면서도 비지성적인 구원론은 냉정하게 비판하는 자세로 일관했던 것이다. 1967년에 발표한 작품 〈행복원의 예수〉와, 1985년에 쓴 〈벌레 이야기〉는 소설의 내용은 전혀 다르지만 용서의 문제로 인해 촉발된 마음의 갈등이 결국 구원에 대한 회의와 절망으로 변하는 모습을 보여준다. 작가는 20년에 걸쳐 신앙적 구원 문제에 관해 마음의 갈등을 계속해 왔으며, 『당신들의 천국』, 『낮은 데로 임하소서』도 그런 고심 속의 산물로 창작되었다고 할 수 있다.

그밖에 이청준 소설에서 기독교적 소재가 들어 있는 독특한 장편은 『자유의 문』이다. '문'은 세속과 신앙의 지경을 나누는 경계가 된다. 거기서 종교적 계율을 넘어서야 하는 사람과 그 신념 속에서 자기를 증명해야 하는 인간의 고뇌가 얽혀 있는 모습이 드러나게 되는 것이다. 『당신들의 천국』에 둘러쳐진 울타리가 『자유의 문』에서는 경계를 상징하는 문으로 바뀌었다.

# 권정생

## 『몽실 언니』

## 아픈 시대를 업고 걸어온 소녀

가난과 전쟁의 상처로 얼룩진 시절, 어린 소녀에게 닥쳐온 고통은 너무도 가혹했다. 『몽실 언니』의 주인공은 모진 가난 때문에 개가를 한 어머니와, 전쟁의 와중에 불구가 된 아버지의 죽음 사이에서 방황하면서도 새엄마가 남기고 간 이복동생 난남이를 등에 업고 키워낸다. 식모살이와 품팔이도 모자라 심지어 구걸까지, 소녀 몽실이가 겪었던 고난은 우리 민족의 비참한 역사를 상징하고 있다. 그러나 몽실은 그녀가 만난 사람들과 이 세상을 미워한 적이 없다. 자신의 다리를 부러뜨려 평생 절름발이가 되게 한 새아버지를 비롯하여 전쟁을 일으킨 사람들, 인민군들, 무심한 이웃

사람들, 자신에게 짐이 되는 동생들에게도 사랑의 마음을 거두지 않는다.

『몽실 언니』는 1980년대 초, 군사정권 시대가 막바지로 치닫던 무렵 기독교 잡지에 연재한 일종의 아동소설이다. 여자 인민군에 대한 인간적 묘사 때문에 연재를 중단 당한 사연도 남아 있다. 소설 속에 기독교적 모티프는 절제되어 있지만 작가의 기본사상인 기독교 박애주의가 바탕을 이룬 작품이다. 1990년에 드라마로, 2009년에는 영화로 만들어졌고, 청소년 필독도서로 널리 알려졌으며, 그 후에 개정판이 출간되었다(창비, 2012).

작가 권정생은 자신의 어린 시절을 통해 아픈 역사를 조명하고 사회적 약자가 보호받는 따뜻한 사회를 소망하는 염원을 이 작품에 담았다. 그는 일제강점기에 도쿄 빈민가에서 가난한 노동자의 아들로 태어났다. 광복 후 귀국했으나 6·25로 인해 가족이 흩어지는 비극을 경험해야 했다. 폐결핵에 걸려 병고와 싸우면서도 창작에 몰두한 끝에 동화 〈강아지똥〉이 기독교아동문학상에 당선되는 기쁨을 맛본다. 15년 동안 시골 교회의 종지기로서 새벽마다 하루도 빠짐없이 종을 쳐 세상에 울림을 가져온 것은 그의 삶에 빠뜨릴 수 없는 주요 이력이다.

권정생은 대표작 『몽실 언니』에서 주인공을 사회적 약자로 설정했다. 주인공 몽실은 어린 소녀이며 불구의 몸이고 고난 받는 우리의 이웃이다. 몽실은 한국인의 아픈 역사를 등에 업고 절뚝거리며 살아왔다. 그 등에 업힌 가녀린 생명은 몽실이가 입으로 씹어 먹여주는 암죽으로 연명해 온 세대들이다. 작가는 그 시대를 이겨온 힘이 곧 그리스도의 사랑에 있음을 증언하고 있다. 『몽실 언니』의 대단원은 30년의 세월이 흐른 뒤, 언니의 등에 업혀 자란 난남이가 결핵 요양원에서 면회를 마치고 돌아가는 몽실의 뒷모습을 바라보는 장면이다.

"절뚝거리며 걸을 때마다 몽실은 온몸이 기우뚱기우뚱했다. 그렇게 위태로운 걸음으로 몽실은 여태까지 걸어왔다. 불쌍한 동생들을 등에 업고 가파르고 메마른 고갯길을 넘고 또 넘어온 몽실이었다. 아버지가 그를 버리고, 어머니가 버리고, 이웃들이, 그리고 이 세상에 있는 모든 칼과 창이 가엾은 몽실을 끊임없이 괴롭혔다. 그토록 시집을 가지 않겠다고 별러온 몽실이 늦게야 구두 수선장이 꼽추 남편과 결혼을 하였다. 한 가지 짐을 더 짊어진 것이다. 그래서 몽실은 기덕이와 기복이 남매의 어머니가 되었다. 절름발이 어머니.

난남은 몽실이 절뚝거리며 걸어서 황톳길 산모퉁이를 돌아갈 때까지 서 있었다. 이윽고 몽실이 그 산모퉁이를 돌아가고 가랑잎들이 황톳길에 뒹굴며 남았다. 난남은 현관문 기둥을 붙잡았다. 뜨거운 눈물이 그제야 볼을 타고 내려왔다. '언니…. 몽실 언니….' 난남은 입속말로 기도처럼 불러 보았다."


『몽실 언니』처럼 세상의 아픔을 짊어지고 살아온 작가 권정생은 2007년 일흔의 나이로 별세했다. 작가는 인세 수입을 거의 쓰지 않고 북녘의 굶주린 아이들에게 보내 달라 했고, 자신이 홀로 살던 여덟 평짜리 흙집을 허물어 다시 자연으로 돌려주기를 부탁했다고 한다. 혹독한 시대의 역사가 칼과 창처럼 그를 괴롭혔고, 결핵이 그에게 평생 소변 주머니를 차고 있게 했어도, "좋은 동화 한 편은 백 번의 설교보다 낫다"는 신념으로 글을 썼던 권정생, 그가 울리던 교회 종소리는 지금도 소외 받고 아픈 사람들의 마음에 큰 위로로 다가오는 듯하다.

권정생(權正生, 1937~2007, 아명은 경수)은

일제강점기에 도쿄의 빈민가에서 출생했다. 여섯 살 때 누나들로부터 예수 이야기를 듣고 환상 속에서 십자가에 달린 그리스도의 모습을 보았다고 한다. 이 경험이 그의 평생을 예수 그리스도와 교회 곁에 있게 하였고, 믿음에 바탕을 둔 글을 쓰는 계기가 되었다. 해방 후 귀국했으나 가난과 병 때문에 다른 일을 하지 못하고 교회에 방 한 칸을 얻어 종을 치며 창작에 몰두했다.

경북 안동에 있는 일직교회 집사, 주일학교 교사, 그리고 교회 종지기로서 신앙을 지켜온 권정생은 1969년에 기독교아동문학상 현상모집에 동화 〈강아지똥〉이 당선되어 문인의 길을 걷게 되었다. 그는 기독교적 박애주의를 바탕으로 어린이와 이웃, 가난하고 소외된 사람들, 약하고 병든 자들에 대한 따뜻한 사랑을 글 속에 담아냈다. 1984년에 발표한 『몽실 언니』는 권정생의 대표작이 되었고, 잇따라 TV와 영화로 제작되면서 일약 유명작가로 발돋움했다. 그러나 그의 변화는 오직 교회 곁방에서 옆에 있는 작은 흙집으로 옮겨 간 것이 전부였다. 사후에 북한 어린이들을 위해 자신의 유산 모두를 사용해 주도록 부탁한 것을 더 추가할 수 있다.

자신의 삶을 반영한 것 같은 동화 『도토리 예배당 종지기 아저씨』, 『하느님이 우리 옆집에 살고 있네요』를 비롯하여 어린이와 어른이 함께 읽는 동시집 『어머니 사시는 그 나라에는』 등도 많이 알려진 작품들이다. 그의 문학적 목표는 고독하고 장애를 가진 사람들이 기독교적 박애와 봉사정신을 실현함으로써 이 세상을 따뜻하게 만들어 가는 것이었다.

# 조성기

『라하트 하헤렙』

## 인간 내면의 불길

성경에서 불이 상징하는 것은 무엇일까? 먼저 하나님의 심판을 떠올릴 수 있다. 죄악의 성 소돔과 고모라에 비같이 내린 유황과 불(창 19:24), 주님의 날에 하늘을 녹일 뜨거운 불(벧전 3:12), 악인의 심판을 위해 예비된 영원한 불(마 25:41), 물 한 모금 없는 고통 속에 타오르는 음부의 불꽃(눅 16:24)들은 우리를 두려움에 떨게 한다.

그러나 불의 유용으로 인해 인류의 생활이 바뀌었듯이 우리에게 신앙의 새로운 차원을 열게 해 준 것도 활활 타는 불길이었다. 출애굽 백성의 길을 인도하기 위하여 불기둥이 밤하늘을 밝혔으며(출 13:21), 제단 숯

불이 입술에 닿음으로써 죄가 사하여졌고(사 6:7), 오순절 성령이 임하실 때 불의 혀처럼 갈라지는 것이 보였다(행 2:3). 사도행전에서 성령과 불은 단순히 이미지로 연결되고 있을 뿐이지만, 오랜 세월 동안 세상의 교회들은 '성령의 뜨거운 불길'이라 하여 둘 사이에 긴밀한 관계성을 부여해 왔다.

이처럼 불은 하나님의 심판과 구원에 격렬하게 작용하는 소재가 되어 있다. 따라서 이 불길을 문학적으로 형상화하는 작가들의 의식도 적극적이다. 그 중에 조성기의 소설 『라하트 하헤렙』은 인간 내면의 불길이 어떻게 자신을 태우며 하나님께로 나아가기 위해 몸부림치고 있는가를 보여준다. 이 작품은 젊은 날, 군대라는 특수한 장소에서 일어난 하나님과 인간 사이의 단절과 회복을 경험적으로 묘사한다. 그것을 통하여 독자들은 잊을 뻔했던 또 하나의 불이 있었음을 깨닫게 된다.

'라하트 하헤렙'(Lahat Hahereb)이란 창세기에 나오는 히브리어로 '불 칼'(화염검)이라 번역된 단어이다. "이같이 하나님이 그 사람을 쫓아내시고 에덴동산 동쪽에 그룹들과 두루 도는 불 칼을 두어 생명나무의 길을 지키게 하시니라"(창 3:24). 이 말씀에 따라 작가는 칼 모양의 불길이 두루 휘돌며 에덴동산이 동편으로부터 불타오르기 시작했을 것이라고 상상한다. 하나님께서 지상에 만드신 동산이 지금 존재하지 않는 이유가 그 불과 관련이 있을는지 모른다는 생각 때문이다.

"그때 에덴은 아담에게 있어 선악과를 먹지 말라는 여호와의 계명이 자기를 얽어매던 곳이요, 또 그 계명을 범한 죄의 흔적이 남아 있는 현장이었네. 아담은 에덴이 불타오르는 것을 보면서 여호와의 계명으로부터의 자유와 죄의 흔적으로부터의 해방을 후

런하게 맛보았을 것이네. 어떻게 보면 그 불은 정화의 불길이었네. 그러나 그것은 선악과를 태우는 불길인 동시에 생명나무를 태우는 불길이기도 하였네. 해방이면서 상실이요, 자유면서 죽음이요, 정화면서 심판이었네."

군대 생활을 마치고 세상을 향해 떠나는 '나'에게 불길의 이미지로 조각한 작품을 선물한 성 상병의 편지 끝 부분이다. 성 상병은 내가 내면의 불길에 휩싸여 고민할 때 예술의 불꽃을 피워 나를 치유해 준 인물이다. 그는 에덴동산을 사른 불길이 이제 나에게 해방과 정화를 줄까, 아니면 상실의 끝에 죽음을 주게 될까를 심각하게 묻고 있다.

'나'는 이미 아버지를 비롯한 가족과의 갈등, 선교 단체에서 만나 사랑한 정미의 불행, 신의 존재에 회의를 품게 만든 군목의 행동들을 경험하면서 내면의 불길이 점차 꺼져 가고 있는 상태였다. 이때 막달라 마리아의 이미지를 지닌 여인 동순이 군인교회에 나타난다. 동순은 비록 정신이 온전치 않았지만 나에게 새로운 불씨를 당겨준 사람이었다. 의문의 화재가 일어나 조각실과 교회를 태우던 성탄절 밤에 나는 불길 속에서 내 자신의 모습을 보고, 또 진정한 교회의 주인인 그리스도를 보았다. 이제 나는 계명을 거스른 죄를 남긴 채 젊음의 한 모퉁이를 벗어나려 한다. 내가 손에 들고 있는 '라하트 하헤렙' 목조각품은 그 죄를 소멸시킬 정화의 불길이 되어 나의 내면에서 타오르게 될 것이다.

『라하트 하헤렙』은 1985년에 '오늘의 작가상'을 받은 작품이다. 조성기 작가가 신학을 공부하며 작품 활동을 재개한 시절의 일이다. 신학을 통해 가장 격렬한 불길을 통과했던 작가의 고뇌가 새겨진 소설, 이것이 거의 30년 만에 많은 교정을 거쳐 새롭게 재출간된 것은 큰 의의가 있다(민음사, 2013). 작가는 오랜 세월이 지난 오늘, 우리에게 자유와 상실 그 어느 쪽을 다시 강조하고 싶은 것일까? 그리고 우리는 하나님께서 남겨두신 에덴의 불 칼 앞에서 아직도 꺼지지 않은 내면의 불길을 어떻게 정화해야 할까?

### 조성기(趙星基, 1951~ )는

장로회신학대학교 신학대학원을 마쳤다. 목사 안수를 받을 요건이 충족되었으나, 그는 산울교회(일명 '길 위의 교회')에서 목사가 아닌 전도사로서 봉사하고 있다. 목사 안수를 받지 않은 신분 그대로 교역자의 직무를 수행하고 있는 것이다. 산울교회는 성경공부 중심으로 평신도 사역 운동을 펼치는 교회로 알려졌다.

그는 신학교에 입학하기 전에 소설가로 등단하여 〈만화경〉, 〈하얀 가시관〉 등의 작품을 발표했다. 종교적 실존문제를 다루어 주목을 받은 것도 잠시, 그는 법조인의 길과 선교의 사명 사이에서 심각한 고민에 빠진 채 창작을 중단한다. 신학교 재학 중에 다시 소설을 쓰기 시작하여 『라하트 하헤렙』과 『야훼의 밤』 등 하나님과 인간에 대한 본질을 성찰하는 작품을 내놓았다. 개인의 실존적 체험을 바탕으로 한 자전적 소설의 성격을 띤 이 작품들은 작가의 자의식을 종교적으로 형상화했다는 높은 평가를 받았다. 『야훼의 밤』의 일부분으로 묶어진 〈회색 신학교〉는 거룩함과 세속의 사이에서 고뇌하는 신학도들의 이중성을 그려 큰 반향을 일으켰다.

이후 조성기는 기독교문학의 범위를 벗어나 동양고전을 비롯한 새로운 세계에 관심을 두고 작품의 소재를 확대해 갔다. 그러나 그의 기독교적 바탕과 그에 따른 소생 체험이 교회를 떠날 수 없게 했다. 숭실대학교

문예창작과 교수로 정년퇴임을 할 무렵 『우리는 아슬아슬하게 살아간다』는 소설집을 내어 자신의 구도자적 자세가 계속될 것임을 세상에 알려주었다.

# 이
# 윤
# 기

『하늘의 문』

## 떠나버린 자아의 이야기

이윤기 작가의 기나긴 이 자전적 소설은 창세기 28장의 말씀을 권두언으로 삼고 시작된다.

"야곱은 꿈에 하느님과 천사가 사다리를 오르락내리락하는 것을 보았다. 꿈에서 깨어난 야곱은 두려움을 이기지 못하고 외쳤다. '참말 하느님께서 여기 계셨는데도 내가 모르고 있었구나. 이 얼마나 두려운 곳인가. 여기가 바로 하느님의 집이요, 하늘의 문이로구나.'"

그러나 이 소설의 주인공은 마지막에 이르러 야곱이 외친 하늘의 문을 자아의 회심이라는 차원으로 바꾸어 버리고 만다. 주인공이 끊임없이 시도하던 부친의 유골 찾기 과정을 거치면서 결과적으로 다음과 같은 독백을 불러오게 되었다.

"자주 오르내리다 가만히 보면, 선산에는 내가 오르내리는데도 부동하는 한 점이 있다. 그 한 점은 내 아버지 대에 그랬듯이 내 아들 대에도 움직이지 않을 것이다. 이 부동의 일점이 내가 인식하는 하늘의 문이다. 그 문에 다가섬으로써 나는 한 시야를 얻는다."

이윤기의 『하늘의 문』은 원래 1994년에 나온 작품인데, 그가 별세한 뒤인 2012년에 재출간되었다(열린책들, 2012). 생전에 작가가 이 작품에 큰 애착을 갖고 있었음을 알고 있던 지인들이 그를 기리는 마음으로 자전적 소설을 재출간한 것이다. 그러나 정작 작가는 이 작품이 결코 자전적이 아니라 자신의 믿음과 희망 사이의 어느 어름에 있는 인식의 한 좌표라고 말한 적이 있다. 어쩌면 신앙을 떠나버린 자아가 진실한 자아일 수 없다는 의미를 담은 것이 아닌가 생각되기도 한다.

해방둥이로 태어난 주인공 이유복은 한국 땅에서 일어난 역사의 변화를 체험하며 베트남 전쟁을 거쳐 미국과 일본에서의 삶을 이어간다. 그 과정에서 만난 친구들과 사랑하는 여인, 그리고 벽안의 외국인 신부가 주인공의 인생길에 중요한 역할을 한다. 그렇지만 그 무엇보다도 주인공 이유복의 삶은 그리스도를 만난 것에서부터 심각한 변화를 일으키게 된다. 그는 자신이 교회로 걸어 들어간 동기에 관해 그리스도가 어떻게 섬겨지는지, 다른 사람들은 그리스도를 어떻게 이해하고 있는지 확인해 보기로 마음먹었기 때문이라고 하면서도 실제로는 소외의 주체가 없는 기이한 소외감을 견디기 어려웠다는 불순한 의도까지도 숨기지 않는다. 결국 그는 신학교에 진학했다가 4학기를 마치고 학교를 떠난다. 의심 때문이었다. 그는 이렇게 고백한다.

> "기독교는 믿음을 귀하게 여깁니다. 그래서 그리스도는 '너희에게 믿음이 겨자씨만큼만 있어도 능히 산을 옮길 수 있다'고 했습니다. 불교는 '이것이 무엇이냐'를 화두로 삼고 의심하기를 가르칩니다만, 기독교는 의심하는 행위를, 의혹이라고 하는 것을 큰 악덕으로 칩니다. 그래서 그리스도는 의심이 많은 도마 사도에게 '너는 나를 보고도 믿지 못하느냐, 보지 않고도 믿는 자는 복되다'고 합니다. 그런데 나는 의심하기 시작한 것입니다."

작가 이윤기가 실제로 신앙에 대해 회의를 품고 의심에서 벗어나지 못했는지 명확히 알 수는 없다. 그러나 그가 여러 방면에 다양한 지식을 갖고 거의 독학으로 작가와 번역가로서의 입지를 굳힌 다음, 카잔차키스의 『그리스인 조르바』를 번역하고(1981) 그 조르바를 자신과 동일시했던 것을 보면 그때부터 이미 자신의 인생 전체를 담은 소설을 계획하고 있었던 것으로 볼 수 있다. 그 작품이 곧 『하늘의 문』이며, 따라서 이 소설의 주인공 이유복의 신앙적 의심은 작가 이윤기의 회의에 다름 아니라 할 것이다.

세상에 가장 잘 알려진 그의 책은 『이윤기의 그리스 로마 신화』(2000)이다. 그는 일찍부터 인간의 원형과 문화적 어원 찾기, 그리고 철

학이나 종교학에 경도되면서 신화의 꿈을 자신의 종교와 결부시켜 온 것
같다. 그는 신화를 통해 종교를 일종의 사다리로 파악했다. 우리 삶에서
아름다운 존재의 획득을 위해 오르는 사다리, 이것을 종교와 동일하게 생
각했던 작가는 하늘의 문을 자아의 세계로 인식한 채 그곳을 향해 사다
리를 옮긴 것으로 보인다.

이윤기(李潤基, 1947~2010)는

어렸을 적 독서를 통해 예수 그리스도를 알게 되어 스스로 교회
를 찾았다고 한다. 성장기의 중심이 교회에 있었을 정도로 그는 열심히 신
앙생활을 했으며 교회에서의 경험을 중요하게 여겼다. 그러나 시간이 지나
면서 제도화한 교회의 모습에 반기를 들고 마음의 방황을 겪게 된다. 성
경을 더욱 깊이 알고 싶다는 생각이 들어 성결교신학대학교에 진학했으나
과정을 다 마치지 못한 채 자퇴하고 말았다. 물론 교역자의 길도 포기했다.

이후 그는 번역에 뜻을 두고 괄목할 만한 업적을 내기 시작했다.
타의 추종을 불허할 만한 외국어 실력을 바탕으로 완벽을 추구하는 꼼꼼
한 번역이 독자를 사로잡았다. 니코스 카잔차키스(N. Kazantzakis)의 『그리
스인 조르바』, 조셉 크로닌(A. J. Cronin)의 『천국의 열쇠』, 움베르토 에코(U.
Eco)의 『장미의 이름』 등은 이윤기의 대표적인 번역물이다. 삶의 방향을
찾기 위해 고뇌하는 인간들의 모습이라든지, 신학과 인문학의 난제 같은
심오한 주제가 걸린 작품들이 선택의 대상이 되었다. 그리고 그는 『그리스
로마 신화』 시리즈를 비롯한 신화 관련 서적을 내어 인문학 신화 열풍을
이끌기도 했다. 신화는 인간의 보편적 삶의 모습을 담고 있는 이야기라는
확신이 이런 결실을 이루게 했다.

그는 기독교와 거리를 두면서도 항상 종교적 사고 안에서 행동하며 글을 썼다. 미국에 갔을 때는 미시간 주립대학교에서 종교학 초빙연구원으로 활동했다. 그러나 번역과 연구원 생활을 거친 뒤 만년에는 소설 창작에 역점을 두는 행로를 걸었는데, 다분히 의도적으로 작품에 기독교적 소재를 사용하지 않았다. 『하늘의 문』은 종교적 자아에 초점을 맞춘 그의 대표작으로서 기독교와 멀어진 자신의 삶을 형상화하였다. 그 이후에 『숨은 그림 찾기』로 인간의 이면을 발견하고자 하는 노력을 보였고, 『나무가 기도하는 집』에서는 영혼의 상처를 치유하려는 의식, 『두물머리』에서는 세태에 물들어가는 인간상을 주제로 삼았다.

# 문순태

## 『성자의 지팡이』

## 빛과 티끌이 어우러진 세상

그는 예수 그리스도께서 "나를 따라오라"(마 4:19) 하신 말씀과, 노자의 도덕경에 나오는 '화광동진'(和光同塵)이라는 말이 서로 의미가 통한다고 생각했다. 그리스도의 부르심은 가난한 사람이나 부자들이나 한데 어우러지게 하시려는 뜻으로 여겼고, 그렇다면 빛과 티끌이 어우러져 화합을 이루는 것이 진정한 이상향의 건설이라고 확신했다. 이런 삶의 길을 걷기로 작정한 그의 생애는 힘없고 상처받은 사람들 곁에서 한시도 떠날 수 없었다.

그의 이름은 오방 최흥종 목사(1880~1966)이다. 오방이 우리 곁을 떠난 지 반세기가 가까워오는 지금에도 더욱 그의 정신과 행동이 그리워지는 까닭이 있다. 비록 일제강점기나 동족상잔의 시간이 지나갔고, 또 한센병자와 폐결핵환자 등 걸인들의 행렬이 지금은 줄어들었다고 해도 그에 못지않게 사회적 갈등과 고통 받는 사람들의 아픔은 여전히 우리 곁에 남아 있다. 작가 문순태는 오방 최흥종 목사의 삶을 정리하여 그의 일대기를 소설 형식으로 기록한 『성자의 지팡이』(도서출판 다지리, 2000)를 써냈다. 이 책을 거듭 읽을수록 우리 시대의 마지막 성자 오방 선생이 더 그리워지는 것은 극단의 개인주의와 이웃에 대한 몰인정으로 삶의 피폐를 느낄 수밖에 없는 현실 때문이라 하겠다.

　　최흥종 목사는 성자이며 또한 기인이었다. 전라도 지역의 한센병자들을 자신의 몸처럼 돌보며 사회적 보호 장치 마련에 최선을 다하였다. 마치 예수 그리스도를 가장 많이 닮았다던 아시시의 성자 프란체스코를 연상시킨다. 뿐만 아니라 한센병자 500여 명을 이끌고 광주에서 서울까지 11일 간을 도보로 행진한 이른바 '구라대행진'을 통해 일본인 총독을 설득시키고 소록도 갱생원 설립 약속을 받아낸 것을 보면 행동하는 개혁자의 모습과 영락없이 닮았다. 반면에 그가 주변의 사람들에게 사망통고서를 보내고 무등산 오방정에 은거한 것이라든지, 전라남도 건국준비위원장 직책을 14일 만에 사퇴한 일, 백범 김구 선생이 무등산까지 찾아와 간곡히 정치 참여를 요청했으나 끝내 거절한 것을 두고 기이한 성품의 소유자라 말하는 사람도 있다.

　　그런 그가 성자의 길을 가게 된 동기는 지극히 인간적인 사건에서 비롯되었다. 의사이며 선교사인 포사이트가 눈길 위에 쓰러져 죽어가는 한센병자를 안아 일으켜 자기가 타고 가던 나귀 등에 태운 일이 있다. 환자가 엎드렸던 자리에 피고름이 묻은 참대 지팡이가 버려져 있었다. 포사이트는 홍종에게 그 지팡이를 집어달라고 요청했다. 장터의 건달 노릇을 거쳐 일본 순검을 지냈던 홍종은 외국인 앞에서 망신당하지 않으려고 그 지팡이를 집어 들었다. 병이 옮는 것 같아 몹시 망설였고 몇 번이나 자신의 옷에 손을 문질러대며 몸서리를 쳤다. 그러나 바로 이 사건이 그의 삶을 완전히 바꿔 놓게 되었다.

『성자의 지팡이』에서는 그 지팡이가 최흥종이라는 인간을 변화시키고, 이어서 다음 세대에 변화를 주는 도구가 되었다고 말하며 이렇게 쓰고 있다.

"이제는 네가 가져가거라. 하나님의 증표인 이 지팡이로, 이번에는 네가 직접 또 다른 사람의 인생을 변화시키거라. 나를 변화시키고 너의 삶을 바꾸어 놓았듯이 또 다른 사람에게 하나님의 기적을 보이거라."

이것은 변화된 최 목사가 한센병자의 딸을 길러주고, 그 딸이 또 중년여인이 되어 소록도 갱생원의 간호사로 떠날 때 여태껏 간직했던 지팡이를 내주며 했던 말이다. 그녀는 소록도에서 고아를 아들로 삼아 지팡이를 이어받을 새 주인으로 기르게 된다.

영원한 자유인 최흥종 목사는 후세의 사람들에게 지팡이 하나를 물려주고 떠났다. 지금 우리 곁에는 당시의 병자보다도 더한 아픔을 가진 이들이 방황하고 있다. 빛과 티끌이 어우러진 세상을 살아가고 있는 우리에게, 이 성스러운 지팡이는 끊임없이 마음의 변화를 촉구하고 있다.

문순태(文淳太, 1941~ ) 작가가

『성자의 지팡이』를 쓰게 된 동기는 오방기념사업회의 출판 계획에 따라 집필 의뢰를 받았기 때문이다. 오방 최흥종 목사의 제자인 이영생 전 YMCA 총무의 구술이 바탕이 되었다고 한다. 이런 작품이 기독교 신앙 없는 작가에 의해 쓰여졌다고 보기 어렵다는 판단 아래, 한때 작가의 신앙 여부에 대한 관심이 높아지기도 했다. 그러나 문순태는 오방처럼 개신교인은 아니다. 그의 학력에 숭실대학교 기독교철학과를 잠시 수학했다는 기록이 남아 있어 개신교에 대한 관심도를 짐작해 볼 수 있을 뿐이다.

천주교와는 구체적인 관계가 있다. 그는 프란체스코라는 세례명을 가졌으며, 2008년에는 소설 『울타리』로 가톨릭 문학상을 수상하기도 했다. 또한 광주 5·18민주화운동을 배경 삼아 지극한 모성애를 다룬 『일어서는 땅』에서는 가톨릭 세례명을 쓰는 주인공들을 등장시켰다. 박요셉, 조마리아, 토마스 등은 십자가 모티프와 관련된 등장인물들의 이름이다. 그의 작품에 주요 대상이 되는 가난한 농민들이나 고통 받는 약자들의 모습에서 종교적 위로가 전해지는 것을 느낄 수 있다.

대표작으로 꼽히는 『징소리』나 『타오르는 강』, 그리고 다른 작품들에서도 특별히 기독교적 흐름을 보여주는 내용은 발견되지 않는다. 수몰민의 애환이라든지 농민운동의 역사를 다루면서 그 기저에 종교적 인간애와 비극의 위로 같은 잔잔한 감동을 깔고 있는 것이 문순태 작품세계의 특성이라 하겠다. 그는 오랜 언론인 생활과 순천대, 광주대 교수를 거쳐 지금은 고향인 전남 담양에 창작 공간을 마련하여 그곳에 은거하고 있다.

# 김
# 원
# 일

『슬픈 시간의 기억』

## 죽음 앞에 홀로서다

그리스도께서 받은 고난을 떠올리며 숙연한 마음으로 지나온 삶을 돌아보노라면 그 누구라도 과거의 슬픔과 미래의 죽음에 관한 생각을 떨칠 수 없다. 지난날은 슬픔이며 앞날은 죽음이라는 이 허무감을 어떻게 극복해야 할까? 죽음과 관련된 이야기를 잔잔히 묶어낸 김원일의 연작 장편소설 『슬픈 시간의 기억』은 이 문제에 대해 조용한 대답을 주고 있다. 양로원에서 쓸쓸히 죽어가는 네 명의 노인 이야기는 죽음에 처한 다양한 인간 군상으로 보이면서도, 다시 읽어 보면 그들이 따로따로가 아니라 한 사람의 모습으로 느껴진다. 그래서 이 이야기는 우리 자신의 총체적 욕망이

굴절된 사연으로 받아들일 수 있다.

　　죽음 앞에 서 있는 노인들은 모두 지나간 젊은 날의 꿈을 회상한다. 그러나 그것은 욕망의 덩어리들이었고, 욕망을 지닌 육체가 죽음을 맞을 때 돌아보는 시간의 기억은 슬픔으로 귀결된다는 사실을 보여준다. 〈나는 누구인가〉의 주인공 한 여사는 일제강점기에 빵집 종업원으로 시작해 일본군 위안부와 미군 기지촌을 거치며 자신의 호칭마저도 여러 번 바꾼 인물이다. 그래서 과거를 회피하기 위해 귀부인 이미지에 집착하고 얼굴 화장과 옷맵시 내는 것에 열중한다. 자기 정체성을 찾지 못한 인생의 슬픈 행로인 것이다.

　　반면, 자기 정체성에 자신감을 가진 나머지 스스로의 과거에 대해 매우 관대한 주인공도 있다. 〈나는 나를 안다〉의 초정댁은 부잣집 병약한 아들의 후처로 들어가 혼외정사 끝에 똑똑한 아들을 낳았고, 육욕에 얽혀 살인까지 저질렀으면서도 양심의 가책을 느끼지 않는다. 양로원에서 타의에 의해 예수님을 받아들였지만 진정한 의미의 성화와는 거리가 멀다. 마지막까지 돈과 아들에 집착하는 그 모습은 세속에 물든 인생의 전형이라 할 수 있겠다.

　　세 번째 이야기 〈나는 두려워요〉의 주인공 윤 선생의 삶은 신앙적이고 성결하다. 윤 선생은 독실한 기독교 신자로서 독신생활을 했다. 초등학교 교사 출신으로 제자들의 존경을 받고 있으며, 그녀를 기리는 모임까지 구성되어 있을 정도이다. 양아버지 제임스 목사가 남겨준 사회복지시설 애린원을 맡아 마지막까지 헌신하였다. 그러나 그녀는 죽음 앞에서 엄청난 육신의 고통을 겪고 있다. 그녀는 자신이 그리스도인답게 품위 있는 죽음을 맞지 못하고 왜 격심한 고통을 받고 있는지 하나님께 질문한다.

어린 시절 자신이 언청이였는데 제임스 목사의 주선으로 수술을 받았던 그 사실을 고해하지 않았기 때문인가 묻는다. 아니면 사범학교에 다닐 적 기차에서 한 남학생을 뿌리쳤는데 그 학생이 그만 실족사하고 말았으므로 죄를 물으시는 것이 아닐까 심히 고심한다.

"저는 세상 사람들 앞에 교사로서의 품위를 보이려 위선이라는 옷을 입고, 모범으로 꾸미며, 내 몸을 상하지 않고 살아왔습니다. 주님을 섬긴다고 멸시를 당했거나 수난과 박해를 겪은 적이 없습니다. 하나님의 나라를 이 땅에 건설하기 위해 정의와 자유와 사랑을 위해 비바람 맞으며 앞장서서 나서본 적도 없습니다. 그런데도 저 같은 죄인이 주님이 계신 하늘나라에 들 수 있을까요?"

이렇게 윤 선생은 죽음을 목전에 두고 주님을 만나기가 두렵다고 고백한다. 그렇지만 십자가에서 고통을 당하는 예수 그리스도의 고난과, 윤 선생이 걸어온 삶의 궤적이나 현재의 아픔은 상징적인 연관성을 갖고 있다. 간절히 구원을 바라는 신앙인의 참모습은 죽음의 순간까지 경건한 두려움과 함께한다.

마지막 이야기는 평생 스스로를 소외시키며 책만을 벗해 살아온 김 노인이 주인공이다. 〈나는 존재하지 않았다〉라는 이 작품의 주제는 죽음 앞에서 어떤 관념이나 수많은 지식도 구원으로 이끌 수 없다는 명제 속에 압축되어 있다. 김 노인은 격동의 역사 중심부에 서 있으면서도 현실을 회피하며 오직 염세적 철학에 골몰해 왔다. 그는 과연 죽음마저도 실존의식의 일부분으로 여길 수 있을까?

이 죽음들 가운데서 두려움을 고백한 사람은 세 번째 이야기의 주인공 윤 선생이었다. 그러나 그녀가 진정 두려워한 것은 죽음 자체가 아니라 죽음 후에 만날 주님께 보여드릴 자신의 삶이었다. 죽음을 앞둔 인생의 지난 기억은 슬픔과 회한으로 얼룩지고 곧이어 다가올 죽음에 대한 두려움으로 가득하다. 그리스도인은 죽음을 넘어선 후에 있을 주님과의 대면에 진정한 두려움을 가져야 한다.

기독교적 세계관에 바탕을 두고 한국의 분단 상황과 그 상처를 주로 다룬 김원일 작가의 소설은 최근에 들어『전갈』,『아들의 아버지』등으로 깊이를 더하고 있다. 여기서 다룬『슬픈 시간의 기억』(문학과지성사, 2001)은 노인의 삶과 죽음, 그리고 신앙적 두려움이라는 근본적 주제를 세상에 던진 문제작이었다. 이 소설은 전체가 하나의 단락으로 되어 있어 독자에게 답답함을 준다. 죽음 앞에 서서 정연하지 못한 회고를 하고 있는 인생들의 슬픈 기억을 의도적으로 표현한 기법이 아닐까 생각된다.

### 김원일(金源一, 1942~ )은

경동교회 교인으로서 깊은 신앙을 가진 작가이다. 신앙의 깊이를 측량해 말할 수는 없지만 그의 작품세계에서 기독교 신앙에 대한 긍정과 이해가 흔들리지 않는 모습을 보여준다는 점에서 무겁고 진중하다. 그는 소외된 대상을 향한 사랑에서 초월의 힘을 발견할 수 있다는 확신을 갖고 있다. 작가가 신앙을 가지면서부터 그의 작품에는 고통 받는 사람과 그 고통을 돕기 위해 십자가의 짐을 지고 가는 사람이 등장하게 되었다.

그 이전까지 김원일 작가는 민족의 분단 문제를 다루는 작가로 알려졌다. 해방으로부터 6·25로 이어지는 시대에 경험한 이념적 갈등, 전쟁의 참상, 비극의 가족사 같은 주제의 작품들이 많다.『어둠의 혼』,『미망』, 그리고 자전적 소설로 알려진『마당 깊은 집』등이 대표적이다. 자신의 가족사를 통해 바라본 고통스런 역사가 이처럼 무거운 주제를 짊어지고 가게 만들었다.

기독교 관련 소설에는 가난한 자에 대한 관심과 사랑이 바탕을 이룬다. 예수 그리스도께서 빈자에 대한 사랑을 말씀하셨으므로 그것을 외면할 수 없다는 작가정신이 작용한 결과이다.『마음의 감옥』,『가족』, 『불의 제전』등에서 이를 확인할 수 있다.

# 윤흥길

## 『소라단 가는 길』

## 전쟁의 상처를 어루만지다

'여호와 쯔바오트', 구약성경에만 이백 번 넘게 나오는 말이다. 우리
말 번역으로는 '만군의 하나님'으로서 모든 전쟁이 하나님께 속해 있다는
믿음을 담은 고백이다. 다윗이 블레셋 거인 골리앗과 맞서 싸울 때 "전쟁
은 여호와께 속한 것인즉 그가 너희를 우리 손에 넘기시리라"(삼상 17:47)고
외쳤다. 이처럼 믿음이 투철한 다윗이었지만 실제로 죽음의 전쟁터에 던져
진 그의 인간적 고뇌와 마음의 상처는 이루 말로 다하기 어려웠을 것이다.

삶 속에서 전쟁을 경험한 사람과 그렇지 않은 사람의 인생관은 서
로 확연히 다르다. 전쟁의 폭력성과 비인간적 잔인함은 육신을 불구로 만

들 뿐 아니라 영혼까지 갈가리 찢어 놓는다. 그 상처를 치유하지 못하면 하나님께 대한 항의나 세상을 향한 원망으로 인생을 살아갈 수밖에 없다. 인간에게 가장 끔찍하고 잔인한 후유증을 남기는 것이 바로 전쟁이기 때문이다. 한국인들은 동족상잔의 6·25전쟁이라는 쓰라린 경험을 갖고 있다. 이 아픔은 한국인들과 한국의 그리스도인들에게 분단의 절망감과 함께 '여호와 쯔바오트' 신앙을 갖게 했다. 또한 문학인들은 아무리 지우려 해도 지워지지 않는 전쟁의 체험을 사실적으로 드러냄으로써 민족의 상처를 치유하려 애쓰는 모습을 보여주었다.

　　윤흥길 작가는 열 살 무렵이던 어린 시절에 겪은 6·25의 기억을 일평생 안고 살아간다. 그의 수많은 작품 가운데 전쟁의 아픔이 묻어나지 않은 것이 거의 없다는 사실은 그만큼 마음의 상처가 깊었던 까닭이다. 작가는 자신의 회갑을 전후하여 내면의 기억들을 연작소설로 묶어 세상에 내놓았다. 『소라단 가는 길』(창비, 2003), 벌써 상당한 세월이 흘렀다. 작가의 표현을 빌리면 "내 내부의 감옥 안에 갇힌 채 무기징역을 사는 것들이 자유를 달라고 집요하게 탄원을 벌여 왔으므로 마침내 회갑 기념 삼아 방면하기로 결심했다"고 하였다.

　　이 소설은 초등학교 졸업 40주년을 맞이한 초로의 동기들이 고향 모교에 모여 밤을 새워가며 어린 시절의 일을 이야기하는 형식으로 전개되고 있다. 그 공통적 화소는 어렸을 적 전쟁의 참상에 상처를 안고 살아온 인생들의 자기고백이라는 것이다. 배경이 된 땅은 전라도 이리(裡里, 지금의 익산)이다. 고향다운 매력이라곤 없는 평범한 지방도시, 유동인구가 많은 철도교통 중심지라는 것 말고는 이렇다 할 특정도 없고 내세울 만한 명승고적도 없고 시민들한테 추억 쌓기를 좀처럼 허용하지 않는 운치 없는 고장이라 하면서도, 비밀스런 추억거리들을 소중하게 간직한 고향으로 묘사된 곳이다. 끈적끈적하고 쫄깃쫄깃한 사투리가 그것을 증명하고 있다.

피란열차를 타고 내려오던 사람들이 그곳에 내려 새로운 고향으로 삼은 경우도 있었다. 찬송 '예수가 우리를 부르는 소리'를 흥얼거리던 사람이 후렴을 부르는데 열차가 멈췄다. '죄 있는 자들아 이리로 오라.' 옆 사람에게 여기가 어디냐고 물었다. '이리 역에 도착했다'는 말을 듣는 순간 그 사람은 주님의 음성을 들은 듯싶었다. '이리로 오라', 망설일 것 없이 식솔들을 깨워 곧바로 열차에서 내렸다. 주님께서 오라고 부르신 이리 땅의 이야기이다.

피란민 대열이 남긴 전쟁고아들 속에서 보육원 생활을 하는 친구와 '소라단'(松田內)을 찾던 추억도 등장한다. 인공 시절 많은 사람들이 죽은 자리이고 불발탄들이 남아 있는 소라단에서 친구는 큰누님 이야기를 한다. 월남하는 길에 가족을 잃은 그 친구는 어릴 적 교회 찬양대에서 늘 독창을 맡아 하던 누님이 가수가 되어 있을 것으로 믿고 다시 만날 희망 속에 살아간다. 그러나 그 희망이 사라지게 되자 소년들과 소라단은 서로를 외면하게 되고 만다.

마지막 이야기의 주인공 건호는 익산군수 관사에서 서울 소녀 명은이를 만난다. 그러나 명은이는 부모가 한꺼번에 죽창에 찔려 죽는 장면을 목도한 뒤 하루아침에 장님이 되어 버린 한 많은 소녀였다. 소녀는 자신의 억울한 사정을 하나님께 호소하고, 눈 뜨고 싶은 소원을 빌기 위해 교회의 종을 치기 원한다. 소년은 종지기 아저씨 몰래 눈먼 소녀를 이끌고 교회의 거대한 놋종 밧줄에 함께 매달린다.

"그 어느 때보다 기운차게 느껴지는 종소리가 어둠에 잠긴 세상 속으로 멀리멀리 퍼져나가고 있었다. 명은이 입에서 별안간 울음이 터져 나오기 시작했다. 때때옷을 입은 어린애를 닮은 듯한 그 울음소리를 무등태운 채 종소리는 마치 하늘 끝에라도 닿으려는 기세로 독수리처럼 높이높이 솟구쳐 오르고 있었다. 뎅그렁 뎅 뎅그렁 뎅 뎅그렁 뎅…."

윤흥길 작가는 민족 분단의 아픔과 산업사회가 안고 있는 모순을 작품의 소재로 삼아 왔다. 이토록 심각한 주제를 풍자와 해학으로 풀어내는 능력의 바탕에 하나님을 향한 신앙이 자리를 잡고 있다. 『소라단 가는 길』은 전쟁을 포함한 역사의 주관자이신 하나님께 드리는 인생들의 사실적 고백이며, '소라단'은 상처로 인해 버려진 사람들의 소외된 자리라 할 것이다. 영혼의 빈 그릇을 채우기 위한 문학적 방법으로 하나님의 피조물인 인간의 적나라한 모습을 드러내는 것이 하나님의 창조사역을 거드는 일이라고 하던 작가의 말이 생각난다.

윤흥길(尹興吉, 1942~ )은

동신교회에서 안수집사로 은퇴하였다. 어릴 적부터 기도하는 모친의 영향으로 신앙을 가졌다. 그는 문학을 고백과 구원의 차원에서 이해하고 있으며, 등단작 〈회색 면류관의 계절〉에서도 자신의 고백에서 출발하여 구원을 지향하는 모습을 그렸다.

작가는 인간 근원의 내면적 갈등과 함께 시대의 아픔과 삶의 풍속도를 비유적으로 표현한다. 좌우익의 이데올로기를 소재로 한 『장마』,

권력의 의미를 비판적으로 다룬 『완장』은 그의 대표작으로 꼽힌다. 『묵시의 바다』, 『아홉 켤레의 구두로 남은 사내』, 『에미』, 『빛 가운데로 걸어가면』, 『소라단 가는 길』 등 많은 사회성 짙은 작품들을 남겨 주목을 받았다.

그는 기독교인이라는 정체성 때문에 주위 사람들로부터 일종의 선교문학을 요구 받고 교회를 멀리한 적이 있다고 고백한다. 그러나 그는 문학을 통해 하나님의 고귀한 사역에 참여할 수 있다는 깨달음을 얻게 되었다고 하였다. 신앙 관련 수필집 『내 영혼의 봄날』에서 작가의 따뜻한 믿음을 느껴 볼 수 있다.

# 이
# 미
# 란

『꽃의 연원』

## 지하교회와 지상에 남아 있는 교회

이미란의 『꽃의 연원』은 중국 가톨릭의 지하교회와 삼자교회의 갈등을 소재로 한 소설이다. '나'와 '그녀'는 각각 북한과 중국이 공산화될 때 죽음을 무릅쓰고 지하교회에 남은 사제를 작은할아버지로 두었다는 공통점을 갖고 있다. 그러므로 '그녀'가 이른바 삼자(三自-자치, 자양, 자전)를 지지하면서 공산당 통제 아래 있는 지상의 중국교회를 가짜라고 생각하는 것은 당연한 일이었다. 어느 날, '그녀'는 작은할아버지의 친구인 항주 삼자교회 신부를 만나 놀라운 이야기를 듣게 된다.

"상해가 공산당의 수하에 들어가기 전날 밤, 우리는 교구로부터 농촌으로 흩어져 지하교회 활동을 하라는 지시를 받았다. 친구는 아무런 두려움과 의심 없이 그 길을 찾아 떠났고, 나는 삼자교회를 선택했다. 문화혁명을 거치면서, 정치 학습을 받고 노동 개조를 받으면서 나는 공산주의와 기독교가 양립할 수 없다는 친구의 말을 뼈저리게 느꼈으나, 그래도 지상에 교회가 남아 있기를 원했고, 지상에 남아 있는 신자들을 이끌 사명이 있다고 믿었다. 내게 압력과 환난이 주어질 때마다, 나는 스스로 고통의 삶을 선택해서 떠난 친구를 생각하며 버텨냈다."

그 신부는 지하교회로 떠난 친구를 현실의 등불로 삼고 지금까지 살아왔다는 것, 그래도 지상에 교회가 남아 있기를 원하여 환난을 참았다는 것, 그리고 지하교회의 친구가 이제는 나갈 때가 되었다면서 자기 신자들을 보내주고 지상의 교회를 이루라 했다는 이야기를 '그녀'에게 들려준다. 이 말을 전해들은 '나'는 북한 땅에 남았던 작은할아버지의 소명을 떠올렸고, 또 공산화가 된 채 지상에 남은 교회도 나름대로의 사명이 있었을 것이라는 깨달음을 얻게 된다. 그리고 '나'는 '그녀'의 작은할아버지 신부가 남긴 라틴어 일기장을 받아 든다. 그것은 마치 북한에 남은 '나'의 작은할아버지가 보낸 편지처럼 느껴지면서 자신의 종교적 소명을 다시 일깨운다.

작가 이미란 교수는 신실한 가톨릭 신자다. 신실할 뿐만 아니라 교회의 존재에 대한 문제의식을 갖고서 기도하며 고뇌하는 신자다. 그리고 중국의 지하교회와 삼자교회, 북한의 침묵교회에 대한 관심과 탐구의 결과, '신은 교회의 형식 안에서가 아니라 인간의 진정성이 있는 곳에 존재

한다'는 주제를 확신 있게 제시하는 작가 신자다.

필자는 개신교 신자이며 목사로서, 이미란 작가의 『꽃의 연원』을 읽고 한국교회의 암울한 시대들이 떠오르는 것을 어찌할 수 없었다. 8·15 광복이 오자 신사참배 거부로 투옥되었던 20여 명 성도들이 고통의 자리에서 벗어나게 되었다. 70여 명의 구속자 중 주기철 목사나 채정민 목사 등 50명은 감옥에서 순교했고, 나머지가 '출옥 성도'라는 영광스런 이름을 얻었다. 이들은 현실과 타협하며 신사에 머리 숙인 교회지도자들에게 참회와 자숙을 요구하였다. 그러나 출옥 성도들의 요청은 곧 심한 반발에 부딪히고 말았다. 신사참배를 했던 사람들은 자신들의 행위가 교회를 지키기 위한 것이었다면서 그 고생은 해외로 도피했던 사람이나 마찬가지였다고 주장했다. 따라서 신사참배 회개의 문제는 각 사람이 하나님과의 직접 관계에서 해결될 성질의 것이라고 하였다. 이 일로 인하여 한국교회는 불행하게도 분열의 길을 걷게 되었다.

물론 필자는 일본제국주의의 들러리 역할을 한 교회가 자숙을 거부한 것에 대해 분노한다. 아울러 지상의 교회를 지키기 위해 고생했다는 그들의 주장을 단 한 번도 긍정적으로 생각해 본 적이 없었다. 그러나 이 소설은 내게 이렇게 말하고 있었다. 하나님은 인간들이 진정으로 예배드리는 곳에 임하시므로, 서로 다른 입장을 가진 한국교회의 두 세력도 회개와 용서로 합일하는 진정성을 보였어야 옳지 않았을까? 감옥과는 비교할 수 없지만, 지상의 교회를 지키는 데도 고통이 따랐을 것이다. 모든 고난을 극복하고 용서해야만 한국교회가 하나님께 영광을 올리게 된다는 음성이 들려왔다.

순교자 주기철 목사의 마지막 설교 〈5종목의 나의 기원〉의 성경

본문은 이것이었다. "생각하건대 현재의 고난은 장차 우리에게 나타날 영광과 비교할 수 없도다"(롬 8:18). 고난과 영광, 『꽃의 연원』은 그것의 의미를 독자에게 거듭 새겨주며 마무리된다. 지하교회 신부의 일기장 표지에 적힌 라틴어 'per aspera ad astra'-'어려움을 헤치고 별을 향하여'라는 문구는, 고난을 통해 영광을 얻게 하는 하나님의 뜻이 담긴 것이었다.

### 이미란(李美蘭, 1958~ ) 작가의 신앙은

1980년 광주에서 일어난 5·18의 역사적 고난과 더불어 시작되었다. 전남대학교 국어국문학과 대학원에 재학 중이던 시절, 사제들이 보여준 정의로운 헌신에 감동되어 스스로 성당을 찾아 가톨릭에 입문하였다. 그로부터 매일 아침 산책길의 기도와 온유한 삶의 추구가 그녀의 일상이 되었다. 모교의 교수이며 작가가 된 지금까지 일관된 신앙으로 문학적 배경을 이루어가고 있다.

그러나 이미란 작가의 모든 소설이 종교적 온유함을 외면적으로 반영시키고 있는 것은 아니다. 생활인과 신앙인이 충돌하는 삶의 지점에서 생기는 갈등상황을 그려야 하는 것이 소설이기에 작가 자신의 신앙만을 일방적으로 드러낼 수는 없기 때문일 것이다. 작가는 인생의 모든 문제에 진지한 접근법을 쓰고 있다는 평가를 받아왔으며, 특히 여성 문제를 다룬 소설로 주목을 받았다. 정신지체 여성들의 삶을 그린 〈타인의 십자가〉는 종교적 문제의식을 갖고 주제에 접근한 『꽃의 연원』과 함께 작가의 대표작으로 꼽힐 수 있을 것이다.

작가는 기독교문학에 대한 일종의 사명감을 느끼고 있지만 본격적인 신앙적 주제 구상에는 아직 발화점을 찾지 못하고 있다고 밝혔다. 그렇지만 소설집『꽃의 연원』(전남대학교출판부, 2009)이 발화의 방향을 제시하고 있으므로 그 시점이 되면 새로운 문제작이 탄생하게 될 것이다.『꽃의 연원』이 작가가 중국의 대학에 연구년제로 파견되었을 때 얻은 소재라고 밝힌 사실을 생각한다면, 늘 연구하는 작가에게 원숙한 발화점이 찾아올 기회는 멀지 않은 것으로 여겨진다.

# 이승우

## 『지상의 노래』

## 인간의 죄의식을 일깨우는 소리

목사인 필자는 사람들을 향해 하나님의 말씀에서 벗어난 죄가 얼마나 심각한 것인가에 대하여 설교했다. 그러자 사람들은 죄란 인간의 약점에 불과하기 때문에 그리 대수롭지 않을 수도 있다는 반응을 보였다. 나는 다시 죄의식을 가져야 하나님께 자비를 구하게 되고 구원의 길에 들어설 수 있다고 말했다. 난감한 표정으로 사람들은 입을 다물었다. 그러나 나는 그 표정 속에서, 당신의 설교가 더 이상 우리에게 죄의식을 불러일으키지 못한다고 하는 의미를 읽을 수 있었다.

고민에 빠진 필자에게 이승우 작가의 목소리가 들려왔다. 그는 이렇게 말했다. 목사가 아닌 자신은 설교의 언어 대신 이 세상의 말로 죄와 구원에 관한 하나님의 뜻을 전하고 싶다고. 필자는 이승우의 소망을 인정한다. 그래서 지식인 크리스천들에게 설교 대신 그의 소설을 읽어 보기를 권했다. 이 작가는 지상에서 삶의 의미를 상실한 사람들에게 지금까지 잊어버리고 있던 죄와 구원의 문제를 다시 깨닫게 해준다. 전혀 강요하지 않으면서도 죄의식의 바닥을 들추지 않을 수 없게 만든다. 이것이 이승우 문학의 본질이며, 그가 추구하는 믿음이자 삶의 힘이기에 그의 소망을 인정하지 않을 수가 없다.

그가 인간의 죄의식을 일깨워 준 장편 『지상의 노래』(민음사, 2012)를 세상에 내놓았다. 필자는 조용히 문학의 세계 속으로 들어가 인간들이 애타게 부르는 구원의 소리에 귀를 기울여 보았다. 이 소설은 우리를 신앙의 길로 직접 인도하지는 않는다. 그러나 지상에 살아가는 모든 사람에게 신앙과 문학의식뿐 아니라 철학과 사유 등 정신 작용이 일체를 이뤄 구원을 향해 나아가는 경험을 제공한다. 개인의 죄와 시대의 죄가 얽히면서 이 세상은 마치 '카타콤'(지하 공동묘지)에 다름 아닌 것이 되고 말았지만, 믿음과 소망으로써 지상의 일을 다른 차원으로 돌려놓은 사람들의 증거에 의해 카타콤은 '참된 쉼'에 이르는 것이 될 수 있다는 사실을 보여주고 있다.

세상과 단절된 천산 수도원, 그곳 72개의 지하 방에서 화려하고 신비한 벽서들이 발견된다. 무덤 벽에 쓰인 성경 구절들은 그 진실에 접근할수록 인간들의 은밀한 욕망과, 권력이 묻어두기 원했던 비밀이 착종되는 현상을 드러낸다. 지상의 정점인 천산에 접근하는 다섯 명의 주인공은 모두가 죄의식의 소유자들이며 구원을 바라고 있다는 점에서 공통성을 지녔다.

후는 사촌누나 연희를 버린 박 중위에게 복수의 칼을 휘두르고 천산 수도원으로 피신했다. 후가 뒤늦게 깨달은 것은 성경에서 압살롬과 다말, 그리고 암논에 대한 일이었다. 압살롬은 자신의 여동생 다말을 범한 이복 형 암논을 죽이고 자기가 낳은 딸에게 다말이라는 이름을 지어 붙였다(삼하 13~14장). 압살롬이 여동생에게 가졌던 마음은 분명 혈육 이상의 것이었고, 후가 연희에게 품은 사랑도 그와 같았다. 후의 고뇌는 자신이 오히려 압살롬보다 암논과 유사하지 않은가 하는 데서 왔다. 천산에서 영문도 모른 채 쫓겨난 후는 죄의식 속에 연희를 찾아 헤매다가 결국 수도원의 마지막 사람으로 돌아오게 된다.

한정효는 자기 때문에 죽어간 천산의 형제들이 무덤에서나마 편히 쉬기를 바라며 죄의식 속에서 벽서를 썼다. 그는 장군의 끝없는 욕망을 막아서다가 천산에 유폐된 몸이다. 그가 극단적 상황을 담담히 받아들일 수 있었던 것은 믿음 두터운 아내의 죽음에서 얻은 힘 때문이다. 아내는 이성 너머를 사유할 수는 없었지만, 인간이 이성 너머를 사유할 수 없다는 사실을 알고 있는 사람이었다. 이것은 그가 세상에서 경험한 어떤 힘보다도 컸음을 깨닫게 되었고, 그래서 그는 구원을 갈망하는 구도자의 모습으로 변화했다.

장이라는 사람이 평생 품고 살았던 무서운 비밀, 장의 부하였을지도 모르는 강영호가 알리고 싶었던 수도원의 존재, 이 사건을 풀어가면서 자신의 주장을 조금씩 수정해 가는 역사신학자 차동연의 소극적 태도 등은 각각 다른 죄책감으로 해석될 수 있다. 그러나 궁극적으로 이 모두가 구원을 바라는 사람들의 간절한 몸짓이라는 것만은 부인할 수 없을 것이다.

죄와 구원이라는 주제로 이런 심오한 이야기를 써낸 작가에게 사

람들은 나름대로 예우를 표했다. 한국에서는 이 『지상의 노래』를 동인문
학상 수상작품으로 선정하여 영광을 안겼고, 프랑스를 비롯한 외국에서
도 이미 그의 대표작 『생의 이면』에 이어 노벨문학상으로 한걸음 더 다가
섰다고 찬사를 보냈다. 필자도 작가에게 정중히 마음의 고백을 드리고 싶
다. 당신이 지상에서 세상의 말로 쓴 문학작품은 하나님의 뜻을 지상에
전한 이 시대 선지자의 언어가 될 것이라고.

### 이승우(李承雨, 1959〜 )는

인생의 근원적인 문제를 기독교적 관점에서 풀어나가는 이 시대
의 대표적 작가이다. 그는 자신이 기독교적 세계관을 갖고 있을 뿐 아니라
성경으로부터 받은 것이 매우 크고도 많으므로, 문학과 삶에서 종교성을
벗어날 수 없다는 문학적 신앙고백을 하고 있다. 그는 서울신학대학교를
졸업하고 연세대 연합신학대학원에서 공부했다. 전도사로서 설교 사역을
담당할 자격을 갖추었지만 지금은 서울 서문교회 집사가 되어 평신도 사
역에만 힘쓰는 크리스천으로 살아간다.

그의 소설은 관념적이며 개인의 내면 탐구에 역점을 두고 있다.
이 문제를 풀기 위해 여러 가지 사유와 관념 체계가 동원되지만 결국 작
가의 근본에 깔린 기독교 정신이 구원의 길을 열어주는 구실을 담당한다.
그의 기독교적 세계관이 잘 반영된 작품으로는 등단작품인 〈에리직톤의
초상〉, 중기의 대표작 『생의 이면』, 그리고 동인문학상 수상작인 『지상의
노래』 등을 들 수 있을 것이다. 그러나 작가 자신이 가장 기독교적 작품으
로 꼽는 소설은 〈한낮의 시선〉이다. 아버지와 아들의 관계를 내면적 대화
로 풀어나간 이 작품은 성경의 '탕자 이야기' 속에서 주인공이 찾는 근원

적인 아버지의 존재를 알려주고 있다.

　　이승우 작가는 이미 프랑스를 중심으로 해외에서 인정을 받고 있다. 따라서 앞으로 그의 작품이 한국 문학의 벽을 넘어 어떻게 세계와 호흡할 것인가 하는 것이 과제가 될 것이다. 특히 기독교 문화의 본거지인 유럽에 성경의 풍성함과 깊이를 펼치기 위한 새로운 방법이 필요하다. 이승우 작가는 자신의 삶이 담긴 에세이, 또는 에세이적 소설을 묶어내는 것에 관심을 보인다. 또한 그는 개념어 사전 같은 형식으로 삶의 본질적 개념을 문학적 소재로 삼아 기술할 계획을 세우고 있다. 현재 조선대학교 문예창작과 교수로서 학문적 길을 동시에 걷고 있는 그에게 이 방식은 매우 유용한 작업이 될 수 있을 것으로 보인다.

# 김
# 성
# 일

『마르코스 요안네스』

## 복음의 확실한 증명

마가복음은 4개의 복음서 가운데 가장 먼저 기록된 책이다. 그럼에도 불구하고 이 책은 몇 가지 결점을 지적받아 왔다. 기록자인 마가가 예수님의 열두 제자가 아니라는 점, 내용상 그리스도의 탄생이 누락되었다는 점, 문체가 지나치게 단순해서 문학적 세련도가 낮다는 점 등이 그 이유였다. 하지만 마가복음을 바탕으로 하여 이른바 정통 사도들인 마태와 요한이 각각 복음서를 쓰게 되었다는 것은 경이로운 일이다. 특히 마태복음은 마가의 기록을 거의 수용했다고 할 만큼 의존도가 높다.

예수님의 사역을 낱낱이 알지 못하는 마가가 복음서를 쓸 수 있었던 것은 그 배후에 베드로가 있었기 때문이다. 마가는 베드로의 진술을 받아 주님의 갈릴리 사역을 중심으로 첫 복음서를 썼다. 주님의 만찬과 오순절 성령강림의 현장이었던 '마가의 다락방', 그 집주인 아들 마가는 당연히 베드로를 알고 있었고 나중에 베드로가 '내 아들 마가'(벧전 5:13)라 부를 정도로 깊은 교제를 이어갔다.

반면에 바울과는 상대적으로 미묘한 처지에 있었다. 마가는 바울과 바나바를 따라 1차 전도여행에 나섰다가 중도에 그만 이탈해 버리는 바람에 2차 여행에서 두 사람이 갈라서게 되는 원인을 제공했다. 바울이 마가의 동행을 강력히 반대했던 것으로 보아 두 사람의 관계는 거기서 단절된 듯하였다. 그러나 시간이 흐른 후에 바울은 골로새 교인들에게 마가를 영접하도록 권하고(골 4:10), 로마 감옥에서 디모데에게 마가가 유익한 사람이라며 꼭 데려올 것을 요청하기도 했다(딤후 4:11).

대체 마가는 어떤 사람이었기에 이런 반전의 인생을 살았을까? 여기에 지대한 관심을 가진 작가 김성일은 마가를 주인공으로 삼아 대하소설 『마르코스 요안네스』를 썼다. 마가의 유대식 이름은 마가 요한인데, 그 헬라어 발음이 마르코스 요안네스이다. 작가는 성경을 바탕으로 고대 교회사와 외경 등을 참고하면서 유대, 헬라, 로마 세계를 아우르는 문학적 상상력을 발휘하고 있다.

이 이야기는 마가(마르코스)가 알렉산드리아에서 십 년에 걸친 유학을 마치고 고향 예루살렘으로 돌아가는 데서부터 시작된다. 그는 친구 아볼로(아폴로스) 등과 함께 수학과 철학을 공부하여 학문적으로도 유망한 젊은이였으나 아버지의 뒤를 이어 상업의 길로 들어선다. 그의 아버지는 지중해 전역에 이름난 거상으로 활동하다가 의문의 죽음을 당했다. 마가는 악한 세력들과 맞서 그들의 음모를 밝혀내는 한편, 베네치아(베네토)에 인공 항구를 건설하는 대사업을 이룬다. 예루살렘 멸망의 시간이 왔을 때, 알렉산드리아에서 교회를 짓고 있던 마가는 유대인 폭도들에게 잡혀 순교한다. 사백 년 후 베네치아의 상인들이 거액을 지불하고 그 유체를 옮겨가서 베네치아에 마가 기념 교회를 지었다. 일평생 사업과 구제에 힘을 썼던 그는 훗날에 백성들의 수호 성자로 추앙을 받게 된다.

이 소설에서 가장 핵심적인 부분은 그가 마가복음을 기록하기 시작하는 대목이다. 바벨론 지역에서 전도하던 베드로(페트로스)를 찾아간 마가는 고센 마을 지하 공간에서 긴 대화를 나눈다. 그 결과 두 사람은, 복음을 빨리 기록하지 않을 경우 세월이 흐른 뒤 나사렛 예수의 말씀과 다른 내용이 세상에 전해질 수도 있다는 것을 우려하였다.

> "그렇게 해서 나사렛 예수의 행적과 말을 기록으로 남기는 최초의 일이 시작되었다. 마르코스는 보따리에서 꺼낸 먹을 갈면서 페트로스에게 물었다. '어느 나라 말로 적을까요?' '물론 헬라어로 해야지.' 예수의 일과 그가 남긴 말을 기록하는 것이 이방인 선교를 위해서라는 것을 그가 명백히 하고 있었다. 먹을 다 갈아 놓은 후 마르코스는 붓에 먹을 찍어 페트로스에게 주었다. 그가 다시 놀라며 물었다. '왜 내게 붓을?' '제목만이라도 선생님 손으로 적으십시오.' 페트로스가 할 수 없다는 듯 붓을 받아 들고 잠시 생각하더니 자신이 말했던 것처럼 서툰 솜씨로 헬라어 글자를 적어 넣었다. 『카타 마르콘』, 즉 마르코스가 기록한 복음서라는 뜻이었다."

마가는 베드로의 진술을 받아 최초의 복음서인 『카타 마르콘』을 완성한다. 그리고 그는 이 책의 사본을 마태와 요한, 또 누가(루카스)에게 전하여 네 개의 복음서가 존재하게 되는 근거를 마련한다. 여기서 한 가지 흥미로운 일이 있다. 마가복음의 마지막 구절인 "이렇게 확실히 증명하였다"는 수학적 전문용어라는 점이다. 마가는 수학을 공부하면서 피타고라스의 비과학성을 거부하고 유클리드의 증명 방식을 수용하는 태도가 몸에 배어 있었다. 그래서 그는 『카타 마르콘』의 끝 부분을 수학 용어로 장식했을 것이다.

작가의 상상력은 이렇게 구체적으로 발휘된다. 공학도 출신으로서 성경의 수많은 소재들을 과학적으로 형상화시켜 온 김성일 작가인지라 그 예리한 발견이 독자들에게 놀라움을 준다. 하지만 이야기가 진행될수록 마르코스의 행적을 성경에 맞춰 기계적으로 서술하는 것 같은 느낌도 없지 않다. 전체적으로 이 치밀한 작가에 의해 복음서의 존재 의미와 마가의 불꽃 같은 삶이 '확실한 증명'의 기회를 얻게 되었다고 말할 수 있다.

### 김성일(金成一, 1940~ )은

이태원감리교회 장로로 은퇴하였으며, 지금도 기독소설가라는 명칭에 걸맞게 왕성한 창작 활동을 하고 있다. 그는 3대에 걸친 신앙 가정에서 태어난 모태신앙인이었으나 중학교 3학년 때 성경에 의문을 품고 교회를 멀리했다. 이십여 년이 지난 40세에 아내의 위암 선고를 받고 간절히 기도하면서 신앙을 회복한 뒤 그토록 회의적이었던 성경의 이야기를 문학적 상상력으로 형상화하기 시작하였다.

그는 문학을 하기 위해 공학을 전공으로 선택한 독특성을 갖고 있기도 하다. 인간이 가진 의문은 공학적으로 풀어야 완전한 해결점이 마련된다는 것이 그의 판단이다. 소설가로 등단한 초기에는 인간 내부의 본질 찾기와 위선적 행위의 고발 같은 주제를 다루었지만 구원의 가능성이 보이지 않아 회의에 잠기기도 했다. 그러나 신앙의 회복과 더불어 이 의문은 근본적으로 해결되어 갔다. 그 결과 작가의 이른바 '땅끝 시리즈'가 창작되었다. 『땅끝에서 오다』, 『땅끝으로 가다』, 『땅끝의 시계탑』, 『땅끝의 십자가』, 『빛으로 땅끝까지』, 『소리로 땅끝까지』 등의 작품이 이어졌다.

　　　작가는 인류 전체의 역사를 해설하는 데 관심을 두고 있으며, 그 방편으로 민족 이동 문제를 다루기도 했다. 소설 『홍수 이후』를 비롯하여 창조사학회 활동이라든지, 저작물 『성경으로 여는 세계사』 등이 방증이라 하겠다. 성경의 인물 가운데 그리 많이 등장하지 않으면서도 첫 복음서를 기록한 마가 요한을 역사적 자료에 입각해서 쓴 『마르코스 요안네스 I~III』(도서출판 진흥, 2011)는 그 방대한 규모로 인해 놀라움을 주고 있다.

# 현길언

『숲의 왕국』

## 평화로운 세상을 위한 우화

우화란 동식물을 인격화시켜 그 속에 풍자와 교훈을 담아낸 이 야기를 가리킨다. 〈이솝 우화〉의 경우, 오랜 세월 동안 사람들의 사랑을 받으며 마치 도덕 교과서 같은 구실을 해 오기도 했다. 그런데 성경에서는 우화 사용이 참 희귀하다. 성경 말씀은 진리를 잘 깨달을 수 있도록 여러 비유들을 문학적 장치로 활용하기 때문에 많은 우화의 등장이 기대되는 데도 말이다. 아무래도 우화는 세속의 교훈을 전하는 것에 더 적합한 형식이라고 할 수 있겠다.

그럼에도 불구하고 〈사사기〉에는 매우 인상적인 우화가 등장한다. 나무들이 자기들의 왕을 삼기 위해 감람나무, 무화과나무, 포도나무를 차례로 찾아갔으나 모두 사양하자 마지막으로 가시나무에게 요청했다고 한다. "가시나무가 나무들에게 이르되 만일 너희가 참으로 내게 기름을 부어 너희 위에 왕으로 삼겠거든 와서 내 그늘에 피하라 그리하지 아니하면 불이 가시나무에서 나와서 레바논의 백향목을 사를 것이니라"(삿 9:15). 근본적으로 왕좌를 차지하기에 부적합했던 가시나무는 권력을 손에 넣자마자 자신에게 복종하지 않으면 백향목처럼 가치 있는 나무라 할지라도 일거에 소멸해 버릴 것이라 위협한다.

이것은 기드온의 아들 요담이 세겜 사람들에게 외친 우화 형식의 메시지이다. 포악한 아비멜렉이 형제 70명을 한꺼번에 죽이고 세겜 사람들의 추대를 받아 왕위에 오르려 하였다. 겨우 화를 피한 막내 요담은 아비멜렉을 가시나무에 빗대어 이스라엘에 닥칠 무서운 고통을 예고했다. 〈사사기〉의 이 우화는 수천 년 전의 부당한 권력을 경계하는 데 그치는 것이 아니라, 지금 한국의 정치권력이 비민주화되는 과정을 은유하고 있기도 하다.

현길언의 장편 『숲의 왕국』은 이런 동기에서 생겨난 기독교적 우화소설이다. 작가는 숲을 세상의 축소판으로 보고, 그 숲을 구성하고 있는 나무들이 권력투쟁과 갈등으로부터 극적인 화해에 이르는 과정을 그리고 있다. 〈사사기〉의 가시나무처럼 부적합한 모습으로 왕위에 오른 탱자나무는 즉시 사람의 발길을 막고 모든 동물을 숲에서 쫓아냈다. 심지어 숲을 가로질러 흐르는 시냇물까지 끊어버렸다. 왕은 스스로 위세에 도취된 나머지 각종 무모한 일들을 자행하기 시작했다.

권력의 억지와 폭압에 대항하기 위해 여러 나무들은 자기들도 가시를 소유해야 한다고 생각하게 되었다. 탱자나무 가시와 싸워 이기려 밤

나무는 온몸을 가시로 무장하는 데 전력을 기울였다. 열매가 제대로 영글 수 없었다. 모든 나무가 어떻게 더 날카로운 가시를 가질 수 있을까만 생각하게 되자 아름다웠던 숲은 마음까지 온통 가시밭이 되고 말았다. 결국 숲의 관리를 맡은 목 상무는 전기톱을 든 일꾼들을 이끌고 가서 탱자나무를 베어 버리려 한다.

그러나 이 숲에는 진정한 주인이 있었다. 60년 동안 숲을 가꾼 원 노인은 일제강점기와 한국전쟁으로 이어지는 격동의 시기를 보내며 평화의 가치를 터득한 사람이다. 그는 자기가 손수 심은 나무들이 권력을 향한 욕망에 들떠 숲을 허물어뜨리는 것을 알고 있었지만 평화를 이루기 위해 그들을 끝까지 신뢰한다. 원 노인은 목 상무의 전기톱을 중지시키고 탱자 가시 왕을 비롯하여 열매 맺지 못한 나무들과 병든 나무들까지 모든 생명을 살려 주었다. 비로소 자신의 잘못을 깨달은 탱자나무는 더 이상 숲에 왕이 필요치 않다고 선언한다. 그리고 자기 몸에 돋아난 가시들을 빼기 위해 다른 나무들과 서로 껴안고 몸을 비빈다. 제 몸의 가시를 분질러 버리는 회개의 시간이 흐른 뒤 숲은 다시 회복되었다.

창조주의 사랑 앞에 인간의 정치는 무용한 것인가 하는 질문이 나올 수 있다. 작가는 이 문제를 원 노인의 아들 원 의원을 통해 대답해 준다. 그는 국회의원이 되기까지 학생운동의 리더로서 이 땅에 아름다운 것을 하나라도 더 만들기 위해 싸워왔다. 혁명으로 세상을 바꿔야 한다는 생각을 갖고 있었던 그는, 아버지의 숲에 문제가 생겼을 때 수종을 바꾸어 그 숲의 면모를 일신시키려 했다. 그러나 아들이 추구했던 정치적 이상은 아버지가 이루어낸 평화의 큰 세상 앞에서 분명한 한계가 있음을 깨닫게 된다. 싸워 이기는 것으로는 평화를 이룰 수 없다는 깨달음이다. 아비멜렉과 세겜 사람들의 정치적 결말은 비극이었다(삿 9:56~57). 이 시대의 우화『숲의 왕국』은 그런 비극을 극복해야 할 우리의 미래에 대한 교훈의 메시지이다.

### 현길언(玄吉彦, 1940~ )은

충신교회 은퇴장로로서 기독교 신앙을 삶의 바탕으로 삼아온 문인 학자이다. 고향인 제주에서 주일학교 출석을 시작으로 인생에서 한 번도 교회를 떠나지 않았다. 교회와 문학이 자신의 어려운 시절을 견딜 수 있게 해 주었다고 고백하기도 한다. 한양대학교 국어국문학과 교수로 정년하기까지 학문 연구를 하면서 연구와 창작과 신앙을 하나로 묶는 시도를 하였다.

그는 초기에 제주 설화 연구에 관심을 가졌고 그 소재를 소설화시키려 했다. 아울러 제주 출신으로서 비켜갈 수 없는 4·3의 비극과 그 상처를 글로 써냈다. 〈한라산〉, 〈우리들의 조부님〉, 〈섬의 반란, 1948년 4월 3일-제주 4·3 사건의 진실〉 등이 그것이다. 그러나 4·3의 성격에 대한 입장 차이로 인해 관련 단체들과 갈등을 빚기도 하였다.

작가로서 신앙적 소재를 담고 있는 소설들로는 『사제와 제물』, 『벌거벗은 순례자』, 『숲의 왕국』(물레, 2012) 등 다수가 있으며, 연구물로는 『문학과 성경』, 『인류역사와 인간탐구의 대서사-어떤 작가의 창세기 읽기』, 『솔로몬의 명상록』이 대표적이다. 학술교양 계간지 『본질과 현상』을 창간하고 발행인 겸 편집인으로 활동하면서 평화의 문화를 위한 담론을 세상에 펼치고 있다.

# 공지영

## 『높고 푸른 사다리』

## 사랑이 쏟아져 내려왔다

"사랑은 가시지 않아요. 사랑은 가실 줄 모르는 거니까." 공지영
의 소설 『높고 푸른 사다리』는 사랑에게 고하는 아픔의 말로써 대단원
을 장식한다.

"슬픔도 희석되고 실은 아픔도 아팠다는 사실만 남고 잘 기억되
지 않지만, 사랑은 남아 있다는 것을 나는 이제 안다. 사랑은 사
라지지 않는다는 것을. 젊음아 거기 남아 있어라, 하고 어느 시인
이 노래했듯이 나는 그렇게 말하고 싶었다. 사랑아, 언제까지나

거기 남아 있어라. 그때 종소리가 울렸다. 하늘에서 푸른 밧줄로 엮은 사다리가 쏟아져 내리는 것처럼 종소리는 울렸다."

이 작품에 등장하는 사람들의 사랑은 깊고 애틋하며 헌신적이다. 그러나 독자들은 이 이야기를 읽고 난 후에, 그 사랑은 결핍된 인간들의 가슴을 향해 저 높은 곳에서 내려주신 하나님의 손길이었다는 사실을 깨닫게 된다. 마치 하란 땅으로 쫓겨 가던 야곱에게 밤중의 들판에서 보여주신 사랑의 약속을 연상케 한다. "꿈에 본즉 사닥다리가 땅 위에 서 있는데 그 꼭대기가 하늘에 닿았고 또 본즉 하나님의 사자들이 그 위에서 오르락내리락하고…내가 너와 함께 있어 네가 어디로 가든지 너를 지키며 너를 이끌어 이 땅으로 돌아오게 할지라 내가 네게 허락한 것을 다 이루기까지 너를 떠나지 아니하리라 하신지라"(창 28:12, 15).

사다리는 하나님과 인간, 너와 나 사이를 이어주며 구원의 단계를 높여가는 상징적 도구이다. 그렇지만 하나님을 사랑하는 사람은 그 사다리를 오르기 전에 오히려 더 낮은 곳으로 내려가야만 한다. "하나님, 대체 왜?" 하며 차마 소리도 내지 못하고 괴로워하는 지경에 떨어지게 된다. 그 고통 속에서 비로소 종소리처럼 퍼져 오는 소망의 사다리를 발견할 수 있게 되는 것이다. 이 소설의 주인공 정요한의 삶이 그것을 독자들에게 경험시켜 준다.

요한이 천주교 신부 서품을 앞두고 수도원에 있을 때, 사랑스런 여인 소희를 만나게 된다. 성직자로서의 본분과 이성 간의 사랑 앞에서 그는 갈등을 겪는다. 성직을 떠날 결심을 했던 요한의 인간적 사랑과, 그의 수도자로서의 길을 위해 모질게 멀어져 가야 했던 소희의 사랑은 눈물겹다. 그 고통스런 자리에 푸른 종소리가 울린다. 미혼모로서 죽음을 생각하던 한 여인이 요한의 도움을 받아 재생했다. 인간적 사랑을 떠나보낸 자리에서 하늘의 사다리를 보게 된 것이다.

요한이 사랑했던 두 친구의 죽음은 그에게 극도의 절망감을 안겨 주었다. 그러나 독일에서 건너온 토마스라는 노인이 마련한 사랑의 사다리를 통해 요한은 치유받기 시작한다. 아무런 연고도 없는 식민지 나라 한국의 수도원에 왔다가 공산당에게 모진 박해를 당했으면서도 끝내 이 땅에서 여생을 마친 토마스 노인은 그 이유를 이렇게 말했다. "사랑했으니까요." 하나님도 한국도, 사랑은 이랬다저랬다 하는 게 아니니까.

가장 극적인 사랑의 주인공은 빅토리아메러디스호의 선장 마리너스였다. 그는 1950년 크리스마스 5일 전, 수송선을 이끌고 흥남 항구에 들어갔다가 피란길을 떠나기 위해 절규하는 사람들의 비참한 광경을 보았다. 배를 태워 달라고 간절히 애원하는 사람들을 바라보며 선장은 출발명령을 내리지 못했다. 마리너스 선장은 자기 방으로 들어가 한 30분쯤 기도했다. 마치 예수님이 겟세마네 동산에서 피땀을 흘리던 그 시간과 같지 않았을까? 드디어 선장은 배에 타고자 하는 사람을 모두 다 태우라고 명령했다. 화물을 운반할 때 쓰이던 그물이 배의 측면으로 내려졌다. 그것은 지옥의 구덩이에서 하늘로 오르는 사다리처럼 보였다. 수송선 지하 5층부터 겹겹이 쌓인 사람들! 놀랍게도 1만 4,000명이 배를 탔다. 기뢰 바다를 기적적으로 빠져나온 배는 만 사흘을 넘겨 거제도에 도착했다. 먹을 것 하나 없이 추위를 맨몸으로 받아내야 했으나 한 사람도 죽지 않았고, 다섯 명의 새 생명이 태어난 항해는 그렇게 끝났다. 그 배에는 예수, 교회, 십자가 그 어느 것도 없었지만 진정한 크리스마스가 펼쳐지고 있었다.

그 배에서 태어난 생명과 흥남 철수 시에 마지막 사다리를 양보하고 죽어간 남자는 주인공의 삶에 직접 관계가 있는 인물들이다. 작가는 이 소설의 서술이 고스란히 사실이라고 밝혔다. 역사의 파도를 뛰어넘은 기적 같은 일이 왜 일어났는가 하고 그 이유를 묻는다면 하나님은 "사랑하니까. 사랑은 가시지 않는 거니까" 하실 것이라는 게 작가의 대답이다.

천주교 신앙을 가진 공지영 작가의 종교적 소설이므로, 주인공을 비롯하여 한국을 위해 목숨 바친 이방인 성직자들 모두가 천주교인들로 되어 있다. 그러나 우리 독자들은 신구교를 초월하여 하나님의 섭리 안에 있는 한국인들이며, 야곱의 사닥다리를 통해 예수님의 중보를 확신하는 그리스도인들이다. 개인의 삶과 겨레의 역사 위로 쏟아져 내린 『높고 푸른 사다리』는 우리가 함께 받은 하나님의 약속이다.


공지영(孔枝泳, 1963~ )은
젊은 날 성당에서 가톨릭 포콜라레(Focolare) 운동을 하며 빈민촌 봉사를 했던 천주교인이다. 포콜라레는 사랑과 일치를 내세우는 영성운동이다. 그녀는 행동하는 신앙인으로서 용기와 정직성을 앞세워 사회 참여에 적극적인 모습을 보였다. 노동운동에 가담하여 구치소에 수감되었던 경험을 소재로 한 〈동트는 새벽〉으로 등단한 후 『고등어』, 『무소의 뿔처럼 혼자서 가라』, 『우리들의 행복한 시간』 등을 발표하여 베스트셀러 작가로 명성을 떨쳤다.

장애인 학교에서 자행되었던 성폭력 사건 실화를 소설화한 『도가니』는 거짓된 세상에 경종을 울린 작품으로 기억될 것이다. 그러나 작가의 삶은 결코 평탄하지 않아 범상치 않은 사회적 행동과 작품의 내용에 대한 평가가 엇갈리는 경우가 많았다.

한때 신앙과 거리를 두면서 방황하기도 했지만 다시 가톨릭 신앙으로 돌아와 하나님과 인간 사이에 놓여 있는 근원적인 문제에 매달렸다. 그 결과 매우 종교적인 소설 『높고 푸른 사다리』(한겨레출판, 2013)가 나왔고, 소설 외에 『공지영의 수도원 기행』, 『공지영이 들려주는 성서 속 인물 이야기』 등의 신앙적 집필이 이어지고 있다.

# 주원규

## 『망루』

## 추방의 언덕으로 오르는 사람들

우리는 1970년대 어느 날 낙원구 행복동 무허가 주택에 살던 난쟁이 일가가 철거계고장을 받아들면서 삶의 벼랑으로 몰리게 된 고통스런 이야기를 기억하고 있다. 〈난장이가 쏘아 올린 작은 공〉(조세희 작)은 도시개발이라는 미명 아래 자행되었던 시대의 폭력을 세상에 알린 작품이었다. 그 폭력 앞에 한없이 작아질 수밖에 없었던 난쟁이는 이 세상을 벗어나 달나라로 가기 위해 굴뚝 위로 올라갔다. 그런데 그로부터 40년이 지난 지금도 난쟁이처럼 작고 힘없는 사람들은 생존을 위해 굴뚝과 다름없는 망루에 오르고 있다.

주원규의 소설 『망루』, 우리 그리스도인들은 이 작품에서 지난날의 〈난쏘공〉보다 훨씬 더한 아픔을 경험하게 된다. 사람들을 그 죽음의 망루에 오르게 하는 폭력적 가해자들 속에 대형교회가 존재하고 있기 때문이다. 재개발이라는 사회문제와 교세확장에 몰입하는 종교문제가 이렇게 서로 연결될 수 있다는 것이 충격적이다. 그렇지만 이런 상상력은 시대를 아파하는 그리스도인의 양심에서 발원된 현상으로 이해해야 할 것이다.

작가 주원규는 우리와 똑같이 하나님을 찬양하며 말씀을 묵상하는 그리스도인이고 목사의 신분을 가진 사람이다. 그는 공학대학원을 중퇴하고 신학을 공부하여 목사가 된 이력을 갖고 있다. 그렇다면 대형교회를 종교권력으로 몰아서 극단의 비판을 가할 것이 아니라 더 유연한 방법을 찾아야 옳지 않겠느냐고 충고하는 사람들도 많다. 세습목사의 전횡과 패악, 용서받을 수 없는 설교 대필, 하나님 나라 확장이라는 미명 아래 펼치는 시장촌의 파괴 등은 다수의 그리스도인들에게 절망감을 안겨줄 우려가 있기 때문이다. 그러나 그의 소설은 결코 교회를 공격하는 데 목적을 두고 있지 않다. 오히려 교회가 권력이 되어 사회적 비극을 만들어 낼 수 있다는 현실의 가능성을 경계하며 그것으로부터 교회를 보호하고자 하는 의도가 더 강렬하게 드러나고 있음을 느끼게 한다. 작가는 기독교적 상상력을 바탕으로 하여 오늘의 문제를 날카롭게 해부하고 있다.

이 작품은 2천 년 전 마사다 성채에서 로마군에 맞서 항전을 벌이던 열심당원 벤 야살과 재림 예수와의 갈등을 심도 있게 묘사한다. 야살과 재림 예수는 심판의 칼 때문에 최후에 이르기까지 팽팽한 대립을 계속하고 있다. 하나님의 아들은 인간들의 죄악까지도 창조의 터전 안에 있으므로 심판의 칼을 들 수 없다고 말한다. 그를 대신하여 벤 야살의 칼은 마지막으로 신을 찌르고 비로소 가혹한 실존의 한복판에 홀로 서게 된다. 이 시대의 열심당원인 김윤서 역시 재림 예수의 무력함에 비수를 겨눈 뒤 존재의 벼랑 끝으로 내몰리고 만다. 그리고 끝내 교회 안에 머물면서 온갖 비리를 비켜 가려 애쓰던 주인공 정민우의 다음과 같은 고백으로 작품은 막을 내린다.

> "신이 대신할 수 없는 일을 대신하기 위해 인간은 오랜 시간 누군가 그 악역을 감당해 주기만을 갈망해 왔다. 하지만 그 헛된 기다림과 갈망의 우상을 거부한 누군가들이 있다. 나는 지금 그 저주의 악역을 감당하고야만 그 누군가들을 만나기 위해 길을 나선다. 참으로 오랜 시간의 유예와 망설임 끝에 내딛게 된 한 걸음이다. 언제나 멀게만 느껴지던 저 곳 어딘가에서 북소리, 함성 소리가 들린다. 생의 밑바닥에서 쏟아져 나오는 절규와 탄식, 짓이겨진 자들의 신음 소리가 새어 나오고 있다. 저곳 어딘가에 인간의 심장이 뛰고 있다. 나 역시 그들과 같은 심장을 갖고 있기에, 그렇기에 지금 그곳을 향해 가야만 하는 것이다. 그 누군가들의 손에 쥐어져 있던 칼을 대신 집어야 하는 것이다. 그래야만 하는 것이다."

이 작품은 2009년 1월에 있었던 이른바 '용산 참사'를 모티프로 삼았다. 상가건물 옥상 위에 망루를 짓고 경찰과 철거반에 저항한 방식이라든지, 희생자의 규모 등이 그와 유사하다. 그러나 작가는 그 참사 위에 이 시대 교회의 뒤틀린 모습을 투사시키고 있다. 작가는 지금 십자가를 등에 진 남자를 쫓아 추방의 언덕, 생존의 망루 위로 오르는 환상 속의 의

문을 우리와 함께 풀고자 하는 것이다. 〈난쏘공〉의 사회적 비극이 기독교의 종말론과 결부되어 한층 더 고통스러워진 『망루』에서 우리는 과연 어떤 대답을 해야 할까?

### 주원규(1975~ )는

총회신학연구원과 그리스도대학교 대학원을 마치고 2009년에 목사 안수를 받았다. 같은 해 한겨레문학상을 받으며 소설가로 등단했다. 동서말씀교회를 개척하여 목회하면서 글을 쓰고 있다. 학부 시절에 공학을 전공한 경험을 살려 건축평론도 한다. 그의 목회는 작은 공동체를 지향하며 렉시오 디비나(Lectio Divina-성경을 읽고 묵상하는 영적 독서) 형식의 예배를 드리고 성경 원어 강독을 이끌어 간다.

등단작은 〈열외인종 잔혹사〉이다. 주류에 속하지 못하고 열외로 나간 인생들에 관심을 두면서 작품의 방향도 소외된 사람들의 삶에 맞춘 소설이다. 『망루』(문학의문학, 2010) 역시 대형교회에 대한 비판과 갱신의 필요성을 역설하고 있는 작품이다. 『불의 궁전』, 『광신자들』 같은 소설과 함께, 늘 작가가 마음에 두고 있는 가출 청소년들과 대화한 내용을 담은 『힘내지 않아도 괜찮아』 등을 발간했다.

그는 한국교회와 한국 문학의 변화를 위해 파격적인 일들을 실행할 계획을 세우고 있다. 글읽기와 글쓰기를 중심으로 한 성경모임을 만들어 인도하는 한편, 또 방송 진행자가 되어 인문학적 작품들을 소개하고 비평하면서 이 시대 문화에 관한 총체적 분석을 시도해 나아가는 중이다.

강
상
중

『마음』

# 삶과 죽음은 하나로 이어져 있다

강상중의 소설『마음』은 세월호 참사로 고통 받는 한국인들에게 따뜻한 위로의 손길로 다가왔다. 이 작품은 2011년 3월에 일어난 '동일본 대지진'과 '후쿠시마 원전사고'를 소재로 하고 있다. 그러나 이 소설이 한국에 소개될 무렵, 우리는 수백 명에 달하는 젊은이들의 죽음을 가슴에 안고 절통해 하고 있었다. 작가는 소설의 본문에 앞서 한국의 독자들에게 다음과 같은 편지를 보내왔다.

"오로지 성장만을 목표로 달려온 일본은 안락함과 생의 향유를 갈망하던 끝에 거대한 자연재해와 원전사고에 맞닥뜨렸다. 그리고 한국은 미증유의 해난사고로 수많은 전도유망한 청년들을 잃고 말았다. 이러한 비극 앞에서 우리는 쾌락을 추구하는 희극만이 만연한 이 사회의 깊이 없음을 알아챌 수 있을까? 그 얄팍함을 깨닫고서야 비로소 우리는 한층 더 빛나는 삶의 인간성(휴머니티)에 눈뜰 수 있으리라. 이 책은 전문적으로 소설 쓰는 사람이 아닌 필자가 쓴, 첫 번째 소설이라고도 할 수 있다. 이 책이 전대미문의 해난사고로 사랑하는 이를 잃은 사람들, 그 비극으로 주저앉은 사람들에게 무언가 작은 위안이라도 된다면 더 바랄 것이 없다."

이 편지에서도 언급된 것처럼 작가 강상중은 전문 소설가가 아니다. 그는 재일한국인 학자로서 도쿄대학 교수를 거쳐 기독교 계통의 학교인 세이가쿠인대학 총장을 지냈다. 일본 사회의 비판적 지식인으로 많은 인문서적들을 써서 주목을 받았으며, 자기 정체성 확립이라는 소신에 따라 한국식 본명을 사용한다. 그런 그가 본격적 문학 형식인 소설 장르로 이 작품을 구상한 것은 삶과 죽음, 사랑과 이별, 구원과 절망이라는 대비적이고도 절박한 주제들을 담는 그릇으로 소설이 가장 적절하다고 판단했기 때문이다. 소설 『마음』은 인간의 삶과 죽음을 하나로 잇고, 고민하는 젊은이와 치유하는 상담자가 한마음이 되게 하고, 한국과 일본 독자들의 마음을 하나로 묶어냈다.

한 기독교대학의 평범한 학생인 니시야마 나오히로가 강상중 교수에게 메일을 통해 고민을 토로해 온다. 나오히로는 친구의 죽음 앞에서 괴로워하며 하나님은 왜 세상에 그를 보내고 또 앗아가 버렸을까를 교수에게 묻는다. 교수는 존재 바로 그것이 답이라고 말하며 구약에 나오는 욥의 심정으로 답신을 보낸다. 두 사람은 지속적으로 사연을 나누면서 서로의 마음에 상대방의 자리를 마련하게 된다. 그들은 아포칼립스(묵시록)의 현장 같은 대지진의 자리에서 다시 만난다.

수영을 잘해 인명구조(Life saving)에 관심이 있던 나오히로는 자원봉사자가 되어 세 구의 시신을 건져낸다. 처음에는 시신의 악취 때문에 도망치던 그가 죽음을 똑바로 보며 그 앞에 서게 되었고, 그들에게서 살아 있는 친구들의 모습을 느낀다. 그는 죽음을 발견하고 인양하는 일(Death saving)을 함으로써 주검들은 단순한 물체가 아니고 영원의 사람이 되었음을 비로소 깨닫는다. 이 경험을 통해 젊은이는 자신을 괴롭히던 애정 문제를 포함한 모든 것을 마음속에 품을 수 있었고, 나아가 살아가는 힘으로 만드는 방법까지도 배우게 되었다. 그러나 강상중 교수는 끝내 나오히로에게 전하지 못한 가족사의 상처를 안고 있다. 마음의 병으로 고민하던 아들의 죽음, 그것은 지금 '데스 세이빙'을 통해 '살아가라'는 의미를 배운 청년에게 아들이 말하려고 했던 유언이었다.

『마음』에서 계속 심각하게 제기하는 문제는 삶의 의미에 관한 것이다. 그러나 그 문제는 죽음과 관련시키지 않고서는 모색될 수 없다. 삶과 죽음은 하나로 이어져 있고 죽음은 삶 속에 존재하는 것이니까. 이 세상에서 갑작스런 재난을 당해 죽어간 사람들, 실의에 젖어 스스로 목숨을 버린 사람들, 부조리한 제도나 억압에 희생된 사람들에게 '남은 자'들이 수행해야 할 과제는 무엇인가 하는 질문들이 독자들 앞에 차곡차곡 쌓인다.

『마음』은 두 편의 유명 작품을 주요 모티프로 차용하고 있다. 나쓰메 소세키의 동명소설 『마음(心)』, 괴테의 소설 『친화력』이 그것이다. 두

작품을 함께 읽는다면 많은 도움이 될 수 있다. 그러나 그보다도 두 개의 사건, 곧 '동일본 대지진'과 '세월호 참사'를 기억하면서 부활 신앙으로 이를 극복하는 신앙적 과제를 생각하는 것이 더 중요하다.


　　　강상중(姜尙中, 1950～ )은

　　　일본 구마모토(熊本)에서 재일한국인 2세로 출생했다. 한국인으로서 정체성을 찾기 위한 노력의 결과 나가노 데쓰오(永野鐵男)라는 일본 이름을 버리고 한국 본명을 쓰게 되었다. 독일에 유학하여 국제정치학을 전공하고 도쿄대 교수를 거쳐 2014년에 기독교 계열인 세이가쿠인(聖學院)대학 총장으로 부임하였다.

　　　정체성의 고뇌 과정에서 기독교 신앙을 갖게 되었고, 아들의 죽음이라는 비극을 당하면서 신앙을 더욱 굳게 할 수 있었다. 뿐만 아니라 기독교적 구원관을 글에 반영시키며 『고민하는 힘』, 『살아야 하는 이유』, 『어머니』 등의 역작을 내놓아 한국과 일본의 양국 독자들에게 큰 호응을 얻었다. 소설의 형식으로 써낸 『마음』(노수경 옮김, 사계절, 2014)은 본격적인 문학 장르라는 점에서 새로운 관심사가 되었다.

　　　그가 기독교와 문학, 그리고 대학이라는 여러 분야에서 한일 간 발전적 교류의 역할을 담당해 줄 것으로 기대했으나 안타깝게도 세이가쿠인대학 총장의 재임기간은 짧았다. 현재 그는 구마모토 현립극장 관장으로 일하며 『구원의 미술관』이라는 새 저서를 발간했다. 예술론에 대한 해박한 그의 이론이 구원의 인간관 정립에 궁극적인 도움을 줄 수 있을 것이다.

# 한 강

## 『소년이 온다』

## 이 시대에 가장 고통스런 오월 이야기

슬프고 고통스런 기억을 다시 끄집어내고 싶은 사람은 없다. 그러나 그것이 파괴된 영혼을 위로하고, 굴곡진 역사를 바로잡는 데 꼭 필요한 일이라면 그 어두운 시간 속으로 돌아가 아픈 심장을 또 눌러야만 하리라. 필자는 될 수 있는 대로 1980년 5월, 광주의 이야기를 하지 않고 살아왔다. 5·18로 인하여 보안대 지하실에 끌려갔고, 교수직을 잃었고, 육신이 망가졌고, 인생관이 송두리째 뒤흔들렸던 고통을 반추하고 싶지 않아서이다. 내가 배우고 바랐던 것들이 그때 한꺼번에 무너졌다. 그러나 나는 죽음을 피해 살아났으며, 신학을 공부하여 목사가 되었으며, 다시 교수직을 회복하였으며, 웬만한 일에는 별로 놀라지도 않을 만큼 무감각한 사람으로 변해 버렸다. 그때의 5월은 한 지역만의 일이 아닌데, 한 시대만의 일일 수 없는데, 또 그 이야기냐고 심드렁해하는 집단적 무관심이나 광주를 폄훼하는 기막힌 말들 앞에 이제 말라붙은 상처도 익숙해져 있다.

이 상처를 따뜻한 인간애로써 치유해 주는 작품이 한강의 소설 『소년이 온다』이다. 그 고통의 시대에 가장 아프게 세상을 떠난 열여섯 살 소년은 정의가 무엇인지 혼란스러워진 지금 다시 살아 우리 곁으로 돌아왔고, 무력하다 못해 피폐해진 오늘의 나에게도 손을 흔들며 찾아왔다. 나는 이 소년과의 만남이 얼마나 고통스러웠는지 모른다. 몇 번이고 읽기를 중단할 수밖에 없었던, 세상에서 가장 슬픈 책이었다. 그리고 이 책을 그냥 덮을 수 없어 다시 한 번 더 읽었다. 그것은 세상에서 가장 아름다운 책이었다.

5월의 그날, 잔인한 폭력과 충격으로 인해 친구의 죽음을 보게 된 중학교 3학년 어린 소년 동호는 시신을 수습하고 영혼을 위로하는 일을 하기 위해 스스로 도청에 간다. 집으로 돌아오라는 엄마의 말을 듣지 않았고, 도청을 지키는 형들과 누나들이 돌려보내려 애를 썼지만 소년은 끝내 거부했다. 계엄군의 작전이 개시되면 엄청난 화력을 앞세워 밀고 들어올 그들에 맞서 이길 수 있을 거라고 생각한 사람은 아무도 없었다. 실제로 소년과 시민들은 정작 최후의 시간에 계엄군이 다가오는 것을 보면서도 방아쇠를 당기지 않았다. 쏠 수 없는 총을 나눠 가진 아이들이었던 것이다. 그러면서도 그들은 왜 거기에 있어야만 했을까?

작가 한강은 그날 죽어간 소년과 그 곁에 남겨진 사람들의 가슴 아픈 사연을 들려준다. 각각 장별로 시점과 화자가 다르다. 죽은 영혼이 채 다하지 못했던 말을 전해 주고, 잔혹한 고문과 충격에 노출된 사람들의 인생이 허물어지는 슬픔을 나누어주고 있다. 마지막 장인 에필로그에서는 작가 자신의 이야기가 잠잠히 흐른다. 작가는 5·18 때의 나이가 열 살, 때마침 그해 2월에 고향 광주를 떠나 서울로 이사를 했다. 중학교 교사였던 아버지가 학교를 그만두고 소설 창작에만 전념하기로 했기 때문이다(한강의 아버지인 소설가 한승원 선생이 서울로 떠난다는 소식을 들었던 기억이 생생하다). 그런데 작가가 어릴 때 자랐던 광주의 집을 산 사람이 소년 동호의 가족이었다. 아마도 작가 한강은 그때부터 의식의 기층에 광주와 소년을 새길 수밖에 없었을 것이다. 스무 살 겨울에는 혼자서 망월동 묘지를 찾아갔고, 2009년 1월 새벽에 용산에서 망루가 불타는 영상을 보다가 "저건 광주잖아"라고 자신도 모르게 중얼거렸다고 한다.

> "그러니까 광주는 고립된 것, 힘으로 짓밟힌 것, 훼손된 것, 훼손되지 말았어야 했던 것의 다른 이름이었다. 피폭이 아직 끝나지 않았다. 광주가 수없이 되태어나 살해되었다. 덧나고 폭발하며 피투성이로 재건되었다."

작가는 광주의 오월을 형상화하기 위해 구할 수 있는 모든 자료를 읽으려 했다고 하였다. 두 달 동안 다른 아무것도 읽지 않고, 글을 쓰지 않고, 되도록 약속도 잡지 않고 자료만을 읽었다고 한다. 그러나 입속이 타들어가는 꿈 때문에 더 이상 계속할 수 없었다고 토로한다. 필자 역시 그 심정을 안다. 신학생 시절에 밤마다 꾸었던 그 고통스런 꿈, 광주에서부터 광화문 네거리까지 쫓겨 와 거대한 어둠 앞에 쓰러졌다 일어나기를 거듭했던 밤들을 어찌 잊을 수 있을 것인가.

아쉽게도 이 소설은 신앙의 힘으로 구원에 이르는 모습을 담고 있지는 않다. 유신 시절에 방직공장에서 해고당하고 광주 충장로의 양장점에 미싱사로 취직했던 선주는 5·18에 시민들의 처참한 죽음을 보고 도청으로 달려온 처녀였다. 그녀에게 영향력을 끼친 성희 언니는 노동사목을 하는 목사님을 따라 신앙을 갖고 있었지만, 선주는 광주의 참상을 보고 하나님을 거부한다.

"성희 언니는 나와 달라. 언니는 신도 믿고 인간도 믿으니까. 난 한 번도 언니에게 설득되지 않았어. 오직 사랑으로 우릴 지켜본다는 존재를 믿을 수 없었어. 주기도문조차 끝까지 소리 내 읽을 수 없었어. 내가 그들의 죄를 사한 것같이 아버지가 내 죄를 사할 거라니. 난 아무것도 사하지 않고 사함 받지 않아."

그녀의 완강한 마음을 인간적으로 이해해야 한다. 이 상처가 아물기까지 우리는 정말 얼마나 많은 신앙적, 정치적, 양심적 노력을 기울여야 할까? 이 소년을 우리 모두의 품에 안고 하나님의 사랑과 의를 깨닫는 그날이 언제일까?

### 한강(韓江, 1970~ )은

현재 자신이 믿는 종교가 없다고 말했다. 불교에 심취했던 이 작가가 문학과 삶의 심화 과정을 거치며 종교적 정체성을 놓고 고민하는 모습이 느껴진다. 작가의 부친 한승원 원로작가는 불교 색채가 짙고 무속을 포함한 한국적 정서가 녹아 있는 작품세계를 구축한 반면, 작가의 숙부는 기독교인이며 목회자로 일하면서 섬기는 삶의 모범을 보여주었다. 한강은 종교를 떠난 것이 아니라 신앙을 위한 더 깊은 추구의 과정을 보내고 있는 것이다.

작가는 2016년 맨부커 상(Man Booker Prize)을 받음으로써 세계적인 관심의 대상이 되었다. 세계 3대 문학상으로 꼽히는 이 상은 영국에서 출판된 모든 영어소설을 대상으로 한다. 그녀의 수상작품은 『채식주의자』(The Vegetarian)로, 데보라 스미스(Deborah Smith)가 영역했다. 욕망과 죽음, 그리고 영혼의 고통이 교차하는 존재론적인 작품이다. 그런데 이를 계기로 수상작 못지않게 『소년이 온다』(창비, 2014)가 주목을 받았다. 작가의 역사의식과 문학정신이 반영된 문제작으로 평가되었기 때문이다.

한강은 단편소설 〈붉은 닻〉으로 등단하여 『검은 사슴』, 『여수의 사랑』, 『내 여자의 열매』, 『바람이 분다, 가라』 등의 소설집을 냈다. 특히 최근 논의되는 작품으로 침묵과 어둠을 교차시킨 『희랍어 시간』, 흰 것에 대한 목록 아래 펼쳐지는 이야기 『흰』 등이 있다. 여기서 필자가 『소년이 온다』를 기독교문학의 범위 안에 둔 것은 객관적으로 무리한 설정일 수 있지만, 신앙적 삶의 자세로 의를 지향하는 주제에 담긴 인간의 존엄성 및 죽음에 대한 심도 있는 메시지를 외면할 수 없었기 때문임을 밝힌다.

정
용
준

『바벨』

## '말'로 인한 인류의 마지막 재앙

창세기 11장에는 온 땅의 언어를 혼잡하게 하신 하나님의 의지적 행사가 기록되어 있다. 성읍과 탑을 건설하여 하나님의 신성에 도전하려던 인류에게 내린 큰 재앙이었다. 사람들은 그 실패의 자리를 일컬어 '바벨'이라 하였다. 소설『바벨』은 인간들이 다시 당면한 새로운 재앙의 때를 '바벨의 시대'라 이름 붙였다는 상상으로 이야기를 시작하고 있다. '말'의 문제로 인하여 종말의 위기에 봉착했기 때문이다.

어느 때부턴가 사람들은 말을 하는 순간 입에서 '펠릿'이라는 물질이 튀어나오게 되었다. 펠릿은 마치 파충류의 표피처럼 젖은 젤리 형태를 띠고 흘러나와 발목에 매달리고, 말을 계속할수록 점점 커져 목숨까지 위험해진다. 그것들이 곧 부패하면서 심한 악취를 풍기는 바람에 심각한 문젯거리로 부상한다. 말을 할 수 있지만 말을 하면 펠릿의 형벌을 받아야 하는 시대가 되어버린 것이다. 사람들은 손바닥에 글자를 쓰고 그것이 가슴에 부착된 미러를 통해 이미지로 출력되는 '팜패드'라는 장치를 마련했다. 그러나 팜패드가 인간의 말을 대신할 수는 없는 일이었다.

이런 기괴한 현상은 노아라는 이름의 과학자가 실험에 실패한 뒤 바이러스가 세상에 퍼진 결과라고 알려졌다. 노아는 자신이 어려서 읽었던 동화 〈얼음의 나라 아이라〉에서 말이 얼어붙었다가 녹으면 다시 되살아난다는 이미지를 실제화하려 했던 것이다. 정부는 노아를 격리시켜 이 문제의 해결을 맡긴다. 사람들은 노아를 저주하거나 옹호하는 세력으로 양분되었다. 과연 노아는 인류를 펠릿의 바다에 수장시키고 말 것인가, 아니면 방주를 마련해 구원할 수 있을 것인가.

이 독특한 소재로 문단에 문제를 던진 작가는 정용준이다. 그는 자신이 과거에 말더듬이로 살아왔노라 고백하면서 말과 죽음의 이미지를 종말적 시대상황으로 연결한 작품 『바벨』(문학과지성사, 2014)을 썼다. 이 소설의 상황 묘사는 기독교적 종말론과 거리가 있다. 따라서 『바벨』은 종교소설이나 기독교문학이라기보다는 일종의 언어적 속성에 대한 사유의 결실이며 공상과학소설의 영역으로 돌릴 수도 있을 것이다. 그러나 작가가 주인공의 이름을 요나라고 설정함으로써 현실의 처지를 마치 요나 선지자가 고래 뱃속에서 하나님의 구원을 기다리는 절대의존적 희망에 두고 있다는 점을 간과할 수 없다. 정용준의 『바벨』을 기독교적 관점에서 읽어야 할 중요한 이유라 하겠다.

작가는 이 소설에서 '공통 감각'이라는 단어에 무게를 실었다. 말이 제약받는 시대에 함께 경험하기를 바라는 의미의 생각인 것이다. 모순과 오해를 불러일으키는 말을 하지 않더라도 실제로 그것을 감각할 수 있다면 완전한 지경에 이를 수 있다. 그러나 작가는 요나의 경우에 있어서도 사랑하는 사람인 마리와의 공통 감각에 도달하기 어렵다는 점을 시사한다. 마리는 이제 인간에게 말이 사라지는 현상을 받아들여야 한다고 주장한다. 이것은 진화이며, 인간은 이제부터 동물처럼 침묵과 직관과 느낌만으로 가능한 삶을 살아야 한다는 주장이다. 반면 요나는 말의 소통이 불가능한 상태는 지옥이라고 생각한다. 사람들은 이런 혼돈 속에서도 공통의 소망을 갖고 있다. 작가는 그 소망을 이렇게 표현했다.

"신은 약속을 지켰다. 세계를 물로 심판하거나 단번에 모든 것을 원점으로 되돌리려고 하지 않았다. 대신 느린 속도로 서서히 차오르는 말의 바다를 만들었다. 인간들은 자신이 내뱉은 말 속에 잠겨 질식했고 아무도 스스로를 구원해 내지 못했다. 질식 위기에 놓인 인간들은 보이지 않는 높은 산 어딘가에 노아가 방주를 만들고 있다고 믿었다. 언제 완성될지도 모르고 누가 들어갈 수 있을지도 모른다. 그러나 사람들은 노아를 믿었다. 아니, 믿어야만 했다. 그것만이 소망이었고, 그것만이 유일한 구원의 가능성이었다. 인간들은 그 순간이 오기를 기다리기 시작했다. 겨우 견디며, 힘들게 숨 쉬며, 치욕을 이기고 욕망을 감추며 자신의 본질을 증오했다. 무엇인지 모르는 인류 공통의 어떤 죄를 반성하며 입 다물고 고요히 살기 시작했다. 더 이상 자신이 내뱉은 말에 발목이 감기고 숨이 막혀 질식하고 싶진 않았다. 마음껏 말하고 싶었고 소리치고 싶었고 노래하고 싶었다. 그들은 소망을 품고 노아를 기다렸다. 희뿌연 회색 하늘을 뚫고 크고 아름다운 무지개가 다시 떠오르기를 바랐다."

하나님은 말씀으로 세상을 지으셨고, 인간은 말로 인해 세상을 위기로 만들었다. 이 위기는 어떻게 극복될 것인가? 소설 『바벨』은 노아가 인류에게 희망을 주지 못한 채 세상을 떠나는 허무한 결말을 보여준다. 그러나 노아는 죽기 전에 자신이 신뢰한 젊은이를 통해 공통 감각을 느꼈고 펠릿에 파묻혀 눈을 감았다고 한다. 펠릿이 품고 있는 말의 정서는 신비함 속에서 투명하고 명징하게 나타났다. 그래서 이 시대의 주인공 요나는 아직 고래의 뱃속을 벗어나지 못했지만 결코 지치지 않을 것이며 기어이 어둠을 통과하겠다는 결의로 인해 희망 또한 잃지 않을 것이다.

정용준(鄭容俊, 1981~ )은
2009년에 『현대문학』을 통해 등단한 작가로서 타락한 세상에 대해 강렬한 도전을 시도하는 모습을 보이고 있다. 그는 문학을 가리켜 인간에 대한 이해를 넓히는 작업이라 규정한다. 기독교와 연관된 개인적 삶에 관해 말하는 것을 자제하면서도 자신이 예수 그리스도를 믿는 기독교인이라는 점을 분명히 밝혔다. 그리고 어느 교회에서 어떤 교회의 직분을 맡고 있는가를 말하는 대신, 스스로를 자의식 있는 크리스천이라 규정했다. 맹목적인 신앙을 거부하고 투철한 자아 인식 속에 구원의 대상을 찾았다는 의지를 읽을 수 있는 대목이다.

그의 소설적 상상력을 가리켜 가히 우주적이라고 말한 평론가들이 있다. 그러나 그 우주적 출발은 현실의 삶에 근거를 두고 있다. 작품의 주인공들은 현실의 병과 장애, 극심한 통증에 매여 괴로워한다. 이들과 함께 독자의 삶이 행복해지기를 바라는 마음으로 글을 쓰는 것이 작가의 소박한 바람이다. 이를 실현하는 과정에서 기독교적 소재가 사용되고, 기존의 기독교문학 스타일을 벗어버린 자의식이 소설의 흐름을 주도해 가기도 한다.

『가나』,『우리는 혈육이 아니냐』,『바벨』등의 문제작을 내었고, 2016년에는『선릉 산책』이라는 작품으로 황순원문학상 수상의 영예를 안았다. 자신의 모교인 조선대학교에서 문예창작 강의를 맡아 소설 이론의 토대까지 구축하는 중이다. 최근에 그는 "소설이 세계를 바꿀 수는 없겠지만 쓰는 자와 읽는 자, 즉 사람은 바꿀 수 있다"는 의미심장한 말을 던졌다. 한국문단을 바꾸고, 독자들의 삶을 바꾸고, 또 기독교문학의 고정관념을 바꿀 작가로서의 활동을 예고한 듯하다.

# 정 우 택

『슬픈 천국』

## 가족 구원에 실패한 결과

문학과 종교는 인간 구원이라는 최상의 주제를 추구한다는 공통점을 갖고 있다. 그러면서도 종교는 문학과 차별화된 초월적 세계를 지향하고, 문학은 종교의 전파 수단으로 사용되는 것을 경계한다. 기독교문학은 기독교 신앙을 바탕으로 기독교적 인간관을 반영해야 할 목적을 지니고 있지만 공공연히 전도의 도구로 만들어진 작품은 문학으로서의 가치를 인정받기 어렵다.

신앙소설 『슬픈 천국』은 문학과 전도 도구 사이의 경계선에 걸쳐 있는 작품으로 볼 수 있다. 『슬픈 천국』의 정우택 작가도 문인이라기보다는 언론인으로 알려져 있고, 더구나 교회 장로라는 신앙적 신분을 겉으로 드러내면서 이 작품을 세상에 내놓았다. 문학작품으로서의 가치 평가를 받으려 하기보다는 인간 구원이라는 주제를 부각시켜 가족이 함께 예수 믿기를 바라는 목적이 더 강렬하다 할 것이다. 그럼에도 불구하고 이 작품은 천국과 지옥을 보았다는 간증이 아니고 글의 구성이나 문체가 소설로서의 형식을 갖추고 있으므로 경계선이라는 평가를 받을 만하다고 생각된다.

　　작가는 시종 절박한 심정으로 가족 구원이라는 주제를 향해 이야기를 집중시킨다. 주인공 부부 이외에는 눈에 띌 만한 등장인물도 별로 없다. 모범적 크리스천인 유혜민 권사는 교회 봉사와 전도에 최선을 다해 예수의 사랑을 몸으로 실천한 사람이다. 그러나 유 권사가 단 한 가지 실패한 일은 남편 김세상을 하나님 앞으로 인도하지 못했다는 것이다. 결혼식 날, 아내와 함께 열심히 신앙생활을 하겠다고 서약했던 김세상은 정말 지독할 정도로 이리저리 핑계를 대며 무려 40년 동안 교회 출석을 기피했다. 갑자기 병이 든 유혜민은 그런 남편에게 천국에서 만나기를 소망하면서 세상을 떠난다.

　　이 소설은 배경에 따라 크게 둘로 나뉘어 1부는 '세상에서', 그리고 2부는 '하늘에서'라는 소제목이 붙어 있다. 세상을 떠나 하늘에서 심판대를 통과한 유혜민은 천국으로 들어가지 않고 문 앞에 서서 남편이 오기까지 10년을 기다린다. 하지만 남편 김세상은 아내를 따라 천국에 갈 기대만 했을 뿐 믿음은 각자의 것이라는 사실을 알지 못했다. 결국 그들 부부는 천국과 지옥으로 영원히 헤어져야 했다. 그들은 심판관에게 매달려 1시간, 1분, 마지막으로 1초의 시간을 얻는다. 소설은 부부의 마지막 순간을 이렇게 쓰고 있다.

"1초는 너무 짧았지만 참으로 길었다. 많은 것을 생각나게 했는데, 특히 부부는 함께 신앙생활을 하고 함께 천국에 가야 한다는 것을 뼈저리게 깨닫는 순간이었다. 부부라도 신앙의 온도가 다르면 심판도 다르고 갈 길도 다르다는 것을 몸으로 느꼈다. 심판관이 두 사람을 불렀다. '이제 영원히 헤어져야 할 시간이오. 아내 유혜민은 천국으로 가고, 남편 김세상은 지옥을 향하시오.' 이 말이 떨어지기가 무섭게 천국과 지옥 사이에 큰 벽이 생겼다. 천국은 빛이었고, 지옥은 암흑이었다. 김세상과 유혜민이 잡았던 손도 순식간에 떨어졌다. 헤어지는 인사를 나눌 시간도 없었다. 말도 한 마디 하지 못했다. 서로 쳐다보지도 못했다. 심판 후의 헤어짐은 냉정했다. 무서웠다."

작가는 이 작품을 통해 몇 가지의 굵은 신앙적 메시지를 세상에 던졌다. 이 세상의 삶을 마감한 후 사람들은 반드시 천국과 지옥을 결정하는 심판을 받는다. 그 결정에 반드시 필요한 믿음은 각자의 것이다. 따라서 아무리 사랑하는 가족이라 할지라도 천국에 덤으로 함께 묻어갈 수 없다. 아내와 남편이 영원히 갈라지게 되면 천국도 슬픔이 되고 천사의 마음까지도 아프게 된다. 『슬픈 천국』이라는 작품의 제목 자체가 이런 메시지를 함축하고 있다.

온 가족이 이 소설을 함께 읽으며 신앙을 가져야 할 필요성을 깨닫게 된다면 그 의미가 더욱 새로워질 것이다. 가족이 함께 예수를 믿지 않아 천국에도 슬픈 크리스천이 많다는 작가의 외침에 귀를 기울일 때 가정의 복음화는 미루지 못할 필수과제로 부상한다. 작가 정우택 장로도 부인의 권면에 따라 신앙을 갖게 되었고, 그것을 문학적 소재로 승화시켰다는 점이 이 논리의 증거가 된다 하겠다.

### 정우택(1952~ )은

부천 평안의교회 장로이다. 먼저 기독교 신앙을 가져 자신을 권면한 부인과 함께 장로로 시무하고 있다. 그는 소설을 쓰기 이전에 어린이와 청소년, 그리고 부모들에게 삶의 용기를 주는 글을 써 왔다. 『아버지의 날개』, 『핸드폰 악동』, 『행복한 커플은 5가지 코드를 맞춘다』 등의 저서를 냈다.

그의 이력은 초등학교 교사에서 출발하였다. 작품에서 어린이들을 위한 꿈과 사랑이 녹아 있음을 보게 된다. 이후에 코리아타임스, 헤럴드경제, 아시아경제 기자를 거쳐 인터넷 언론 '행복매일'을 운영하고 있다. 언론인으로서의 경험이 세상의 여러 단면을 보게 하고 그 소재를 신앙적으로 형상화하는 기회를 얻게 되었다.

『슬픈 천국』(행복미디어, 2015)은 그가 본격적으로 시도한 소설로서 장편신앙소설이라는 이름으로 세상에 나왔다. 복음을 직설화법으로 전하는 이른바 선교문학의 성격을 띤 작품에 속한다. 선교적 소재가 문학의 가치를 좌우하는 것은 아니다. 이 작품이 기독교문학으로서의 냉엄한 평가를 받기 이전에 일단 전통적 방식의 접근법을 취하고 있다는 점이 눈에 띈다.

# 이
# 성
# 덕

『소설 아펜젤러』

## 이 땅에 새긴 빛의 발자취

1885년 4월 5일 오후 3시경, 흐리고 음산한 제물포 앞바다에 닻을 내린 한 척의 여객선에서 벽안의 외국인 몇 사람이 조선 땅을 밟을 준비를 하고 있었다. 수심이 깊지 않고 갯벌은 넓었기에 사람들은 거룻배로 옮겨 타고 상륙해야만 했다. 마침 부활절인 이날, 거룻배에서 조심스럽게 내린 일행 가운데는 스물일곱 살의 젊은 선교사 아펜젤러(H. G. Appenzeller, 1858~1902) 부부가 있었다. 아펜젤러는 마치 지중해를 건너 처음으로 유럽 마케도니아 땅을 밟던 바울처럼 뜨거운 가슴으로 간절한 기도를 드렸다.

"주님, 우리는 부활절에 이곳에 도착하였습니다. 오늘 사망의 빗장을 산산이 깨뜨리고 부활하신 주님께서 이 나라 백성들을 얽매고 있는 굴레를 끊으시고, 그들에게 하나님의 자녀가 누리는 빛과 자유를 허락하여 주옵소서."

한국 개신교의 첫 발자국이 새겨지는 순간이었다. 같은 배를 타고 조선 땅을 밟은 한 살 아래의 청년 언더우드 선교사와 더불어 초기 한국교회의 역사가 이렇게 시작되었다. 언더우드가 장로회 선교사로서 새문안교회, 연세대학교, YMCA 창설과 함께 4대에 걸친 후손들이 한국을 위해 활동한 성과를 남겨놓았다면, 아펜젤러는 정동제일감리교회, 배재학당, 성경번역, 그리고 44세의 젊은 나이로 어청도 앞 뱃길에서 순교한 극적인 삶으로써 한국교회사를 장식하였다고 하겠다.

『소설 아펜젤러』는 한국 감리교회가 선교 130주년을 맞아 기념사업의 일환으로 이성덕 교수에게 집필을 의뢰하여 이루어진 결실이다. 감리회 목사인 저자는 배재학당의 전통을 이어받은 배재대학교 교수이고, 일찍이 『소설 존 웨슬리』를 쓴 전력을 갖고 있다. 학자다운 꼼꼼함과 사료에 바탕을 둔 글쓰기 방식으로 인해 독자들은 전기를 읽는 것과 다름없는 느낌을 받게 된다. 소설의 형식을 사용하겠다고 표제에 올렸지만 작가의 상상력이 개입되는 공간은 매우 절제되어 있다.

이 작품 속에서 만나게 되는 아펜젤러는 정연하고 단정한 신앙인이다. 그는 언더우드를 비롯하여 스크랜턴, 존스, 헐버트 등의 서양 동료들은 물론이고 고종 황제, 서재필, 윤치호, 이승만 같은 조선 지도자나 지식층과도 모두 원만한 관계로 일관하고 있다. 그러나 아펜젤러가 내면의 고통이나 괴로움이 적었던 것은 결코 아니다. 조선에 대한 자신의 사랑과 열정을 적극적으로 드러내며 신앙과 애국 운동을 선도하는 행동으로 승화시켰기에 고난이 상대적으로 작게 보였을 뿐이다.

이 책 속에서는 아펜젤러가 가장 감동적으로 이루어 낸 세 가지 일에 초점을 맞추고 있다. 먼저, 배재학당의 설립이다. 배재학당은 마태복음 20:26 말씀을 바탕으로 "크고자 하거든 남을 섬기라"는 교훈을 정했고, 고종 황제로부터 사액 현판을 받았다. 이 학당은 우리나라 최초의 근대적 사립학교로서 수많은 민족지도자들을 배출하게 된다. 다음으로는 정동제일교회의 헌당이다. '벧엘 예배당'이라 불렸던 자그마한 방이 선교 금지령 같은 시대적 고난을 뚫고 건축물로 완공을 보게 되었다. 그래서 예배당을 이루고 있는 붉은 벽돌은 신자들의 눈물이며 땀이며 기도이고, 그 속에는 그들의 믿음과 하나님에 대한 사랑이 녹아 있다고 하였다. 마지막으로는 한글판 『신약전서』 번역의 완성이다. 저자는 이 대목을 다음과 같이 감격적으로 표현했다.

"아펜젤러는 무릎을 꿇고 기도를 드린 후, 막 출간된 한글판 『신약전서』를 경건한 마음으로 교회의 강단과 성찬용 탁자 위에 한 권씩 올려놓았다. 유리창을 타고 넘어온 햇살이 금빛 물결처럼 출렁이며 성경책에 부딪치자 성경책은 보석처럼 빛났다. 10여 년의 뼈를 깎는 노력 끝에 마침내 한글로 번역한 신약성경 전체가 한 권의 책으로 완성된 것이다. 철도를 깔고 다리를 놓는 일에 비할 수 있을까. 이 나라 전체가 든든히 설 수 있는 반석이 다져진 것이다. 이 반석 위에 비가 내리고 창수가 나고 바람이 불어 벽에 부딪쳐도 무너지지 않는 든든한 집이 지어지기를 기도했다."

　그는 결국 한글 성경과 함께 이 땅에서의 고귀한 사역을 마감했
다. 성서번역자회에 참석하기 위해 인천에서 목포로 가는 배에 탔던 아펜
젤러는 한밤중에 어청도 부근 해상에서 선박충돌사고로 수몰되고 말았
다. 마흔 넷의 아까운 나이에 주님의 품으로 돌아간 그는 초기 한국교회
에 신앙과 학문, 그리고 우리말 성경이라는 최상의 보물을 안겨 주었다. 소
설보다 더 감동적인 그의 삶은 이 땅에 처음 발을 딛던 부활절 기도와 함
께 한국교회사에 영원히 남을 것이다.

　이성덕(李聖德, 1961~ )은
　감리교신학대학교 출신 목사이며 배재대학교 복지신학과 교수로
있다. 독일 뮌스터대학교에서 역사신학 전공으로 박사학위를 받은 학자로
서『종교개혁 이야기』,『기독교 역사의 전환점들』등의 저술을 냈다. 소설
창작에도 관심을 보여 2003년의『소설 존 웨슬리』에 이어『소설 아펜젤
러』(도서출판 kmc, 2015)를 상재했다.
　그가 소설을 쓰게 된 것은 학생들이나 일반인들이 기독교 신앙의
거목들과 쉽게 접근할 수 있는 길이라 생각했기 때문이라고 하였다. 특히
『소설 아펜젤러』는 기독교 대한감리회 출판국으로부터 소설 출간 제의를
받고 아펜젤러 선교 기념사업의 하나로 집필한 것이다. 이 작품은 대학생
들에게 큰 호응을 얻어 음악극으로 공연되기도 했다.
　전문 작가가 아니기에 차기 작품이 지속적으로 나오게 될지 알
수 없지만 신앙의 선구자들을 가까이 접할 기회를 제공하려는 저자의 뜻

이 있으므로 이 작업은 이어질 것으로 전망된다. 기독교 역사를 전공하는 작가가 인류에게 신앙의 전환기를 이루게 한 대상을 찾아 소설 장르로 재조명해 주는 것은 매우 의미 깊은 일이다.

# 유현종

『사도 바울』

## 위대한 성자의 인간적인 숨결

27권의 신약성경 가운데 무려 13권이 바울의 서신서이다. 뿐만 아니라 바울은 사도행전의 후반부를 장식하는 핵심인물이다. 그는 베드로를 면전에서 책망하기도 했고, 예수님의 동생 야고보와 토론하기를 사양하지 않았던 확신의 사람이다. 바울의 편지는 성령을 통하여 내린 하나님 말씀으로 인정되었으며, 따라서 그의 신학이 기독교 교리의 바탕이 되었다. 또한 바울의 선교 여정은 예수 그리스도의 복음이 이방인의 세계에 전파되는 계기로 작용했다. 우리가 이 복음을 받은 것도 사도 바울의 이방 선교에 기인하고 있다.

바울의 위치와 비중이 이토록 무거운 까닭인지 그의 삶을 소설로 조명해 보겠다는 시도가 거의 없었다. 고난에 고난을 거듭했던 바울의 선교 여정이 문학적 소재나 구성에 적합하긴 하지만 그의 신앙과 심오한 신학까지를 한데 묶어 형상화한다는 것은 단순한 소설 쓰기의 차원을 초월한 필생의 작업이기 때문이었다. 이 거대한 일에 손을 댄 작가가 유현종이다.

　　유현종 작가는 역사소설가로 명성을 떨쳐 왔으며, 어릴 적부터 신앙을 가져 성경에 해박한 지식을 가진 장로로 알려져 있다. 지난 2008년에 작가는 사도 바울의 일생을 소설로 쓰겠다는 뜻을 밝혔다. 에베소에서 아테네로 가던 길에 성경을 읽다가 인간으로서의 바울이 눈앞에 다가오는 것을 보았기에 작정한 일이라 했다. 그의 원숙한 필력과 신앙은 바울을 조명하기에 가장 적절할 것으로 인식되었고 독자들은 들뜬 마음으로 작품의 완성을 기다렸다.

　　그런데 상당한 시간이 흘러도 소설이 탈고되었다는 소식은 들려오지 않았다. 그 동안에 작가는 바울에 관한 수많은 기록들을 찾아 세세하게 읽고 연구하는 데 온 정성을 바쳤다고 한다. 그의 표현을 빌리자면 '바울학과 전공자'가 된 격이라고 할까. 소설책의 말미에 35권의 바울 관련 참고문헌을 제시해 두고 있는 것을 보더라도 각고의 흔적이 뚜렷하다. 작가는 이에 그치지 않고 바울이 걸었던 땅을 직접 답사하면서 사도의 숨결을 느끼기 위한 노력을 계속했다고 하며, 이 기나긴 작업이 일단락되자 글은 비교적 빠르고 순탄하게 쓰였다고 한다. 이런 과정을 거쳐 2016년에 들어 『사도 바울』 상, 하권이 출간되었다. 부제는 '예수의 심장을 가진 성자(聖者)'라 하였다. 작가는 주인공 바울에게 바치고자 하는 헌사를 문학적 표현으로 이렇게 썼다-예수의 살아 있는 심장을 이식수술 받아 간직하고 다닌 사도 바울.

　소설 『사도 바울』을 시종 관류하고 있는 것은 인간 바울의 수난 사이다. 바울은 자신을 괴롭히는 '몸의 가시'가 있어 그것을 빼내달라고 하나님께 간절히 기도했다. 이 사실은 이미 성경을 통해 잘 알려져 있으므로, 우리는 지금까지 그 가시를 심한 안질이나 간질증세 같은 지병으로 생각해 왔다. 그러나 소설 『사도 바울』에서는 그 진짜 가시가 육신의 병이라기보다 스데반 집사라고 지적한다. 무슨 말인가? 어찌하여 그리스도교 초기의 순교자 스데반이 가시가 될 수 있단 말인가. 이 작품은 그 문제를 풀어가는 회심한 인간의 헌신적 행로라 할 수도 있을 것이다.

　소설 『사도 바울』은 바울이 산헤드린의 젊은 검찰관으로서 스데반을 처형하는 증인으로 등장하며 시작된다. 검찰관은 죄인의 눈을 가리려다가 "내 눈을 어둠 속에 두게 하지 마시오"라며 거부하는 스데반의 음성을 들었다. 그리고 머리 위로 하늘이 열리고 있다고 외치는 모습을 보았다. 그 후 30년이 지나 바울이 로마에서 순교하는 시간이 왔을 때 그는 스데반처럼 "내 눈을 가리지 말라"고 외친 후 다메섹 카우카브 언덕길에서 밝은 빛 속에 나타나셨던 예수 그리스도를 다시 보게 되었다고 한다. 바울은 마지막 기도를 이렇게 드렸다.

　"당신을 핍박하고 스데반을 죽이고 무수한 크리스천을 탄압했던 저 같은 악인 앞에 갑자기 나타나셔서 당신의 사도로 정하시고 외방으로 전도를 떠나게 하셨을 때 제 운명은 일시에 바뀌었습니다. 주님은 저를 구원해 주셨지만 스데반의 영혼은 지난 30년 동안 고난의 십자가가 되어 제 가슴 깊은 곳에 자리 잡고 고쳐질 수 없는 난치병이 되어 평생 괴롭히고 참회하게 만들었습니다."

이방 선교에 나선 바울 앞에 파노라마처럼 전개되는 사건들은 안디옥, 소아시아, 마케도니아, 로마, 서바나를 누비며 매우 빠른 속도의 진행을 보여준다. 반면 바울이 쓴 서신의 내용과 그 배경에 관해서는 치밀한 해석을 동반하고 있다. 예수의 심장으로 써낸 편지의 의미가 얼마나 중요한 것인지를 독자에게 전하고 싶어 하는 작가의 의지가 읽혀진다. 그리고 바울의 선교 과정에서 동역한 인물 가운데 당연히 중요시되는 이름들은 바나바, 실라, 누가, 마가, 브리스길라 등이겠지만 이 소설에서는 루포의 아버지인 구레네 시몬과 디모데가 오히려 더욱 인상 깊게 다가온다. 시몬은 십자가를 지신 그리스도의 피 묻은 옷을 통해 바울에게 믿음의 아버지로 새겨졌고, 디모데는 마치 스데반처럼 돌에 맞아 죽어가는 바울을 간호하여 일으켜 줌으로써 평생 믿음의 아들이 될 수 있었다.

### 유현종(劉賢鍾, 1940~ )은

강남임마누엘교회 장로로 시무한 원로문인이다. 그의 신앙고백 에세이집 『요나의 아들』에 따르면, 7살 때부터 기독교 신앙을 가졌고 이후 무교회주의에 빠진 적도 있었지만 다시 교회로 돌아왔다고 한다. 편안한 곳보다 가시밭에 하늘문이 먼저 열린다는 믿음을 갖고 있어서 자신의 고난도 오히려 감사하며 살아온 인생이라 할 수 있다.

첫 단편소설 〈뜻 있을 수 없는 이 돌멩이〉에서 남북분단의 상황을 고발한 이래 〈거인〉, 〈섬진강〉 등의 작품에서는 부조리한 현실에 대해 비판과 대결 의지를 담아냈다. 역사소설가로 자리를 굳혀 『들불』, 『연개

소문』 등을 썼고, 특히 『대조영』에서는 성경의 여호수아와 라합을 모델로 삼아 작품을 구상했다고 하였다. 신앙적 소설로는 『유다행전』, 『소설 손양원: 사랑과 용서』 등이 있다.

그는 70대 후반의 나이에 역작 『사도 바울』 상, 하권(시타텔, 2016)을 내놓았다. 오랫동안 바울에 관한 서적들을 탐독하고 바울의 선교지를 직접 방문한 열정의 소산이었다. 문인이며 신앙인인 그는 독자들에게 성경을 전달하기 위해 소설이라는 장치를 사용했다는 말을 남겼다. 작가로서 필생의 사역에 기반이 된 것은 곧 기독교 신앙이었다는 의미라 하겠다.

# The Must Read in
# Korean Christian Literature

# 2장

기독교 시론과

수필문학

# 김
# 교
# 신

〈조와(弔蛙)〉

## 남은 생명이 뜻하는 것

　　김교신은 한국의 문학사와 교회사에서 일종의 이방인 취급을 받고 있는 인물이다. 그가 쓴 글이나 신앙의 높이가 우리 겨레의 영혼을 깨우는 별과 같았음에도 불구하고, 글은 일반 문예지가 아닌 기독교 월간지에 주로 실렸다는 점 때문에, 신앙은 우찌무라 간조(內村鑑三)의 영향으로 무교회주의를 주창한 것으로 인해 그에 대한 평가가 은연중 기피되어 왔다. 그러나 김교신이 남겨놓은 글과 믿음의 행적은 이제 '민족의 교사'라는 찬사 속에 새로운 관심의 대상이 되고 있다. 그가 식민지 이 땅에서 부활의 소망을 품고 썼던 글 한 편을 읽어 보기로 하자.

"작년 늦은 가을 이래로 새로운 기도터가 생겼었다. 층암이 병풍처럼 둘러싸고 가느다란 폭포 밑에 작은 담(潭)을 형성한 곳에 평탄한 반석 하나 담 속에 솟아나서 한 사람이 꿇어앉아서 기도하기에는 천성(天成)의 성전이다.

이 반상(磐上)에서 혹은 가늘게 혹은 크게 기구(祈求)하며 또한 찬송하고 보면 전후좌우로 엉금엉금 기어오는 것은 담 속에서 암색(岩色)에 적응하여 보호색을 이룬 개구리들이다. 산중에 대변사(大變事)나 생겼다는 표정으로 신래(新來)의 객에 접근하는 친구 와군(蛙君)들, 때로는 5~6마리, 때로는 7~8마리.

늦은 가을도 지나서 담상(潭上)에 엷은 얼음이 붙기 시작함에 따라서 와군들의 기동(起動)이 일부일(日復日) 완만하여지다가, 나중에 두꺼운 얼음이 투명(透明)을 가리운 후로는 기도와 찬송의 음파가 저들의 이막(耳膜)에 닿는지 안 닿는지 알 길이 없었다. 이렇게 격조(隔阻)하기 무릇 수 개월여!

봄비 쏟아지던 날 새벽, 이 바위틈의 빙괴(氷塊)도 드디어 풀리는 날이 왔다. 오래간만에 친구 와군들의 안부를 살피고자 담 속을 구부려 찾았더니 오호라, 개구리의 시체 두세 마리 담 꼬리에 부유하고 있지 않은가!

짐작컨대 지난 겨울의 비상한 혹한에 작은 담수의 밑바닥까지 얼어서 이 참사가 생긴 모양이다. 예년에는 얼지 않았던 데까지 얼어붙은 까닭인 듯, 동사한 개구리 시체를 모아 매장하여 주고 보니, 담저(潭底)에 아직 두어 마리 기어다닌다. 아, 전멸은 면했나보다!"

수필 형식으로 된 이 글의 제목은 〈조와(弔蛙)〉, 일제강점기였던 1942년 3월호 『성서조선』 권두언으로 실려 있다. 개구리의 죽음을 조상한 이 글을 문제 삼아 일본경찰은 김교신과 『성서조선』 관계자들을 체포했다. 김교신, 함석헌, 송두용, 류달영 등은 1년여에 걸친 옥고를 치러야 했다.

무엇이 문제였을까? 개구리의 생명을 통해 조선 민족의 순수한 영혼을 찬양하고, '전멸은 면했나보다'에서 민족혼이 아직 살아 있다는 소망을 드러내려 했다는 것이다. 그렇다. 정확히 보았다. 김교신은 보잘것없는 생명이 살아남아 있음을 통하여 성경의 '남은 자(remnant) 사상'을 일깨우고, 부활과 재림대망신앙으로써 우리 민족에게 소망의 빛을 보여주려 했다. '남은 자'란 정치적이나 군사적인 대환난이 있은 후 죽음 또는 포로 생활에서 벗어나 잔류한 생명을 뜻한다. 이것이 구약에서는 하나님의 심판으로부터 살아남아 구원을 얻고 새 역사의 기원이 된다는 의미로 쓰였다. 이사야의 예언에서 남은 자는 영광을 얻는다고 했다. "그날에 만군의 여호와께서 자기 백성의 남은 자에게 영화로운 면류관이 되시며 아름다운 화관이 되실 것이라"(사 28:5). 이 말씀은 신약에 현재진행형으로 계속된다. "그런즉 이와 같이 지금도 은혜로 택하심을 따라 남은 자가 있느니라"(롬 11:5).

김교신은 성경적 신앙으로써 우리 겨레의 영혼을 깨우기 위해 짧은 생애를 바쳤다. 교육자로서 옥고를 치른 후, 소외된 사람들의 벗이 되고자 흥남 질소비료공장에 입사했다가 병을 얻어 일찍 하나님나라로 떠났다. 이 시대에 '남은 자'들의 양심을 찌르는 기도 한 구절을 남긴 채.

"주 예수여, 당신을 사랑하기보다 더 사랑하는 것이 있을진대 내 입에서 설교를 끊으시옵소서. 그 나라보다 더 연모하는 생활이 땅 위에 있을진대 한 줄 원고도 이루지 못하게 하옵소서. 땅의 것을 생각지 말고 위의 것을 생각함이 절실하옵거든, 주여 그때에 다음달 호의 원고를 쓰게 허락하여 주옵소서"(1939년 3월 14일의 일기 중에서).

김교신(金敎臣, 1901~1945)은

무교회주의를 제창한 기독교인으로서 『성서조선』의 주필로 활동하였다. 일본에 유학하던 중에 동양선교회의 노방전도를 통해 신앙을 받아들였고 우찌무라 간조를 만나 기독교의 자주성과 무교회주의를 새기게 되었다.

귀국한 후로는 뜻을 함께하는 동지들과 조선성서연구회를 조직하여 우리말성경을 연구하였고, 1927년 7월에 월간 동인지 『성서조선』 창간에 참여하였다. 주필로 일하던 1942년 3월호 권두언 〈조와〉가 조선 민족의 영혼을 찬양했다는 이유로 감옥에 갇히는 고난을 당했다. 그는 함흥영생여학교, 양정중학교, 경기중학교, 개성송도중학교에서 교편을 잡으며 많은 제자들을 길렀다. 시대의식을 강조하고 민족정신을 일깨웠는데 양정중학교의 제자 손기정이 올림픽 마라톤에서 우승한 정신적 바탕이 김교신 선생의 민족 교육에 있었다는 사실은 널리 알려진 일화로 꼽힌다. 강제징용된 노무자들을 돕기 위해 비료공장에 자진 입사했다가 1945년 4월에 발진티푸스에 감염되어 별세하였다.

그는 눈에 보이는 교회 대신 신자들이 성경을 읽고 기도하는 자리가 진정한 교회라는 주장을 폈다. 또한 기독교의 민족주의적 수용에 관심을 두어 그리스도의 부활신앙과 재림대망신앙으로 연결시켰다. 『성서조선』에 연재한 〈일기〉, 『산상수훈연구』 등이 그의 주요 저작물로 알려져 오다가 2001~2002년에 『김교신 전집』(노평구 엮음, 부·키) 전8권이 간행되어 그의 글의 전모를 볼 수 있게 되었다.

# 김현승

〈마지막 지상에서〉


## 영혼의 까마귀와 함께하는 시간

산까마귀
긴 울음을 남기고
해진 지평선을 넘어간다

사방은 고요하다
오늘 아무 일도 일어나지 않았다

나의 넋이여,

그 나라의 무덤은
평안한가


　　다형 김현승의 시 〈마지막 지상에서〉 전문이다. 평생을 신앙과 고독 속에 마치 한 마리 까마귀처럼 살아온 인생이 역사의 한 굽이를 돌아서 하나님나라에 평안히 이르기 원하는 기원이 담겼다. '처음'이라는 단어를 좋아했던 시인은 이 시대의 고독한 신앙인들에게 '마지막'이라는 제목의 시를 남기고 떠나갔다.

　　시인은 까마귀를 자신의 환영으로 여기고 있다. 〈가을의 기도〉에서, 〈만추의 시〉에서, 그리고 〈산까마귀 울음소리〉에서 까마귀를 등장시켜 "내 뼛속의 언어로 너는 울고 간다"고 노래했다. 왜 하필 까마귀냐고, 당신의 영혼이 까마귀와 더불어 울어야 하는 까닭이 무엇이냐고 질문했던 적이 있다. 그러자 시인은 말했다. "물 찬 제비보다 까마귀, 그 운명의 고통을 스스로 짊어지고 태어난 듯한 검은 빛깔의 까마귀가 내 마음에 들고 기질에도 맞는다." 신앙인은 고독할 수밖에 없는 기질을 타고난다는 뜻으로 들렸다. 그리스도인은 권력과 재물이 곁에 있다 해도 그것을 누리거나 그것들과 함께 기뻐할 수 없으므로 평생 외로워야 할 수밖에 없다는 의미였다. 필자는 그때부터 외로웠던 시인의 영향으로 고독한 까마귀를 내 영혼의 한 모퉁이에 불러들이게 되었다.

　　대홍수 때 노아가 방주의 창문으로 맨 먼저 내놓은 생명이 까마귀였다. 까마귀는 물이 땅에서 마르기까지 날아 왕래하였다(창 8:7). 이후에 비둘기가 감람나무 새 잎사귀를 물어옴으로써 땅에 물이 줄어든 것을 노아에게 알려주었다. 큰 공을 세워 사랑받은 비둘기와 달리, 까마귀는 저

무서운 홍수의 바다에 처음으로 그냥 던져진 생명이다. 두려움을 견디어 내며 까마귀는 두 날개가 지쳐 추락할 때까지 죽음의 흙탕물 위를 날았을 것이다. 그 새는 비록 잎사귀를 물어오지 못했을지라도 어둠의 세상으로 목숨 걸고 떠나는 선구적 사명을 수행했다.

많은 세월이 흐른 후 그 검은 새는 죽음의 위기에 처한 선지자에게 파견된다. 엘리야가 권력의 박해를 받고 극심한 가뭄의 고통까지 겹쳐 쓰러지고 말았을 때, 하나님께서는 "내가 까마귀들에게 명령하여 거기서 너를 먹이게 하리라"(왕상 17:4)고 하셨다. 검은 까마귀는 다시금 가장 어두운 자리에 전령으로 파견되어 그릿 시냇가에 엎드린 엘리야를 찾아갔던 것이다. 흉하고 보잘것없으면서도 하나님의 도구로 쓰이는 생명, 그 까마귀는 하나님의 나라를 구하라는 예수 그리스도의 교훈 속에 마지막으로 등장하였다. "까마귀를 생각하라 심지도 아니하고 거두지도 아니하며 골방도 없고 창고도 없으되 하나님이 기르시나니 너희는 새보다 얼마나 더 귀하냐"(눅 12:24).

이 까마귀가 긴 울음을 남기고 간다. 시인은 어려운 시절에 시와 학문과 신앙으로써 고독한 삶을 살았고, 그 삶의 흔적이 긴 울음 되어 세상에 남았다. 이 시대를 사는 우리는 어떤가? 고통 받는 하나님의 사람들에게 양식 한 번 날라준 적이 없어 까마귀보다도 쓸모없는 나, 그러나 이렇게 못난 이 몸도 하나님이 기르시는 존재 가운데 하나임을 깨닫게 되었으므로 마지막 지상에서 짧은 울음이나마 감사의 찬양으로 올려 드리고 싶다.

까마귀가 떠난 뒤 시인은 "사방은 고요하다 오늘 하루 아무 일도 일어나지 않았다"고 했다. 그냥 평범한 시간이 흐르는 듯하다. 그러나 이 구절을 거듭 묵상하며 읽어 보라. 아무것도 하지 않고 보내는 안일한 삶에 대한 질책이 들려오고 있지 않은가? 다형 시인은 〈평범한 하루〉라는 시에서 결코 평범하지 않은 시간을 찾아낸다. "내가 넘기는 책장은 책이 되지 못하고, 하루 종일 비춰는 햇빛이 내게는 태양이 되지 못한다"고 탄식하며 "나는 그만큼 이제는 행복해져 버렸는가" 하는 물음을 자신에게 던진다. 자꾸 안일해지려는 자신을 질책하며 독려하고 있다. 세상에 사는 동안 세상과 타협하지 못했고 그래서 잠시도 평안할 수 없었던 시인, 그는 아무 일도 일어나지 않은 것처럼 보이던 어느 날에도 새벽의 기다림과 다시 어둠이 내리는 쓸쓸한 밤 사이에서 영원을 추구하기 위해 고독과 싸우고 있었다.

한 해가 가고 새날이 우리 앞에 펼쳐지는 하루, 우리에게 정말 아무 일도 일어나지 않았을까? 겉으로 고요한 것 같은 이때, 예언자의 설교가 가로막히고 역사는 까마귀보다 더 깜깜한 어둠의 밤으로 들어가고 있다. "나의 넋이여" 시인은 역사의 지평선을 넘어가는 자신의 영혼을 불러 이렇게 묻는다. "그 나라의 무덤은 평안한가" 지상에서 고독한 방황을 끝내고 내면의 문제를 해결한 시인의 심정이 이렇게 평안을 구하고 있다. 우리도 지상에서 검은 새의 날갯짓을 마치는 날 하나님나라의 평안에 온몸과 영혼을 맡기게 될 것이다.

### 김현승(金顯承, 1913~1975)은

목사인 부친의 시무지였던 제주에서 태어나고 광주 양림동에서 성장하였다. 양림동은 광주광역시의 기독교 마을이며 근대 문화유산의 거리로 잘 알려진 곳이다. 그곳에 있는 양림교회(기독교장로회)가 시인의 모교회이다. 그는 당시 양림동에 있던 숭일학교를 거쳐 평양 숭실전문학교를 마쳤으며 기독교적 세계관을 갖고 시인과 교육자로 활동했다.

숭실전문학교 재학 시에 양주동 교수의 추천으로 『동아일보』에 장시 〈쓸쓸한 겨울저녁이 올 때 당신들은〉과 〈어린 새벽은 우리를 찾아온다 합니다〉를 발표하였고, 이후 『김현승 시초』, 『옹호자의 노래』, 『견고한 고독』, 『절대고독』 등의 시집을 냈다. 유고시집으로 『마지막 지상에서』가 있다. 줄기차게 인간적 고독을 형상화하며 기독교정신과 인간주의적 사고를 조화시켰다. 그래서 그의 시는 인간의 본질적이고 근원적인 사유에 맞닿아 있다는 평가를 받는다.

조선대학교와 숭실대학교에서 교수로 재직하면서 많은 제자들을 길러냈다. 몸이 약해진 뒤로 더욱 깊어진 신앙의 모습을 보였으며 숭실대학교 채플 시간에 기도하다 세상을 떠났다. 평생 커피를 좋아했고 그 향기를 사랑했던 그에게 사람들은 '다형(茶兄)'이라는 아호를 지어 바쳤다.

# 이
# 현
# 주

『길에서 주운 생각들』

## 성경과 동서양 경구들의 만남

'이 아무개'라는 사람이 쉬엄쉬엄 썼다고 하는 책 『길에서 주운 생각들』(올림, 2000), 그러나 이 책의 깐깐한 비유나 날선 경고들은 독자들에게 단순한 쉼을 허락하지 않는다. 원제는 『아무개 성경산책(聖徑散策)』이다. '성경(聖經)'이 아니라 '성경(聖徑)'이다. 경(徑)은 길이라는 뜻이므로, 기독교의 '바이블(성경)'을 초월하여 인류를 이끌어 온 '거룩한 길(성경)'을 제한 없이 걸어 보겠다는 의미를 담고 있다.

성경말씀을 중심으로 삼으면서도 그 말씀의 해설에는 사서삼경이나 불경, 또는 고대 인도의 경전들과 원불교의 경전까지를 제한 없이 인용하였다. 반대로 동서양의 경전을 해석할 때는 성경말씀을 적용하여 진리의 보편성을 상호 연결시키는 방식을 썼다. 저자는 자신의 이런 글을 가벼운 산책이라 표현하면서 책 이름을 『길에서 주운 생각들』이라고 겸손해하고 있지만 독자의 입장에서 그냥 줍기엔 너무 무거울 정도로 비유와 비판이 준엄하다.

저자 '이 아무개'는 이현주 목사다. 그는 자신의 이름을 내세우지 않겠다는 의미로 '아무개'를 필명으로 쓰고 있다. 동화작가와 번역문학가로 알려졌으며, 특히 동양사상 연구에 관심을 갖고 노자와 장자의 글이라든지 대학과 중용 등의 해설에 심혈을 기울였다. 『기독교인이 읽는 금강경』도 그의 저작이다. 이현주 목사의 열린 자세는 기독교 문학과 사상의 폭을 확대하는 데 기여했지만 보수적이고 배타적인 태도를 갖고 있는 사람들에게는 논란거리를 제공하기도 했다.

이 책은 1990년대 『민들레교회 이야기』에 5년 동안 쓴 글을 바탕 삼아 묶은 것이다. 『민들레교회 이야기』란 잡지가 아니라 민들레교회라는 작은 교회에 시무하던 최완택 목사가 손수 필경하고 등사하여 만들어 낸 주보에 해당한다. 그러나 이 주보에 좋은 글들이 실려 세간의 화제를 모으게 되자 이것을 찾는 사람들도 많아졌다. 여기에 실린 이현주 목사의 글 역시 높은 관심 속에서 읽혔으며, 상당한 시간이 흐른 지금에도 널리 회자되고 있다. 저자의 글을 어떤 시각에서 접근하더라도 그 사유의 깊이를 인정하지 않을 수 없기 때문이다. 다시 말하면 이현주 목사의 글은 기독교를 가리켜 배타적인 종교라고 공격하는 사람들이나, 성경 이외에는 다른 길을 언급도 해서는 안 된다고 여겨온 사람들에게 각각 인식의 변화를 촉구하는 힘이 있다. 그는 이 두 세력이 해묵은 논쟁을 벌이고 있는 것을 비판하며 간단하면서도 분명한 메시지를 던지고 있다.

170편으로 이루어진 이 책 중에서 짤막한 한 편의 글을 인용해 보기로 하자. 각 편의 구성은 먼저 성경이나 고전의 경구를 제시하고 그에 따른 저자의 해설을 붙이는 방식을 공통으로 하고 있다. 다음은 마가복음 말씀을 해설한 119편 전문이다.

"감추어 둔 것은 드러나게 마련이고 비밀은 알려지게 마련이다. 들을 귀가 있는 사람은 알아들어라. 〈마르코〉 4:22~23 / 감추어 두었으니까 드러나고, 비밀이니까 알려지는 것이다. 자사(子思)는 한 술 더 뜬다. '감추는 것보다 더 잘 드러낼 길이 없고, 숨는 것보다 더 잘 드러날 길이 없다'(莫見乎隱, 莫顯乎微). 드러나고 싶으면 숨고, 드러내고 싶으면 감추어라. 반면에 업신여김을 받고 싶거든 자기를 내세우고, 무시당하고 싶거든 앞에 나서서 설쳐라. 요즘에도, 그 본(本)을 보여주느라고 혼자서 바쁜 사람들이 제법 있나 보더라."

비밀이 결국 드러난다는 성경의 말씀은 당연한 것이며, 공자의 제자인 자사가 했던 말도 성경 해석을 뛰어넘을 수 있다고 보았다. 저자는 성경의 말씀만 아니라 동서양의 경들 모두가 사람에게 사람으로 걸어갈 길을 일러준다는 생각을 이런 식으로 표명한다. 이어서 저자의 호방하면서도 독설에 가까운 화법이 뒤를 잇는다. 무시당하려면 한번 설쳐 보라고 한다. 요즘에도 설치느라 바쁜 사람들이 있다는 독설도 마다하지 않는다. 그러다가는 업신여김을 받고 무시당하기에 딱 제격이라는 것이다. 조용히 숨고 감추어야 진리에 합당한 자세라는 것을 일러주고 있다.

이 책은 기독교의 구원론을 학문적으로 제시하는 것도 아니고, 종교다원주의를 문학적으로 형상화하려는 의도를 갖고 있지도 않다. 성경 말씀을 포함한 인류의 성스러운 길을 함께 생각해 보자는 것이다. 그리스도의 말씀에 불경이나 사서삼경이 뒤따라온다 해도 가벼운 산책길에서 일어난 일로 생각하라는 것이 저자의 요청이다.

### 이현주(1944~ )는

감리교신학대학교 출신 목사이며 동화작가, 번역가이다. 호는 관옥(觀玉). 평등한 세상을 이룸으로써 하나님나라가 구현될 것이라는 목표의식을 갖고 있다. 다원주의신학을 강론했던 변선환 교수, 생명사상의 주창자 장일순 선생의 영향을 받아 동서양의 종교와 사상을 폭넓게 수용하고 실천한 선각자로 알려졌다.

불교와 노장사상을 넘나들면서『기독교인이 읽는 금강경』,『장자산책』,『대학 중용 읽기』등을 썼고, 간디가 해설한 인도 경전『바가바드기타』를 번역하기도 했다. 동화집으로『알게 뭐야』,『날개 달린 아저씨』, 시집으로『그러니까 무슨 말이냐 하면』등이 있고,『예수와 만난 사람들』,『한송이 이름 없는 들꽃으로』,『사람의 길 예수의 길』등 신앙서적을 출판했다.

이렇듯 다양한 사상체계를 섭렵하고 있지만 그의 글은 근본적으로 기독교적 세계관에 바탕을 두고 있다. 한국 천주교회와 함께한『공동번역 성서』번역 작업에 개신교 대표로 참여하여 윤문 교정위원을 맡았고, 그 번역본으로 오랫동안 성서 묵상 글을 연재하기도 했다. 목회를 했지만 그 기간은 짧았고 주로 원고를 쓰거나 강연을 하면서 살아왔다. 2006년에는 드림실험교회를 열고 종파에 소속되지 않으며 재산 소유도 전혀 없이 오직 하나님의 도만을 실천하는 교회를 실험적으로 추구하다가 어느 정도 교회의 틀이 형성되자 문을 닫은 일도 있다.

# 박
# 완
# 서

## 『못 가본 길이 더 아름답다』

## 인생의 선택과 미련

"내가 꿈꾸던 비단은 현재 내가 실제로 획득한 비단보다 못할 수도 있지만, 가본 길보다는 못 가본 길이 더 아름다운 것처럼 내가 놓친 꿈에 비해 현실적으로 획득한 성공이 훨씬 초라해 보이는 건 어쩔 수가 없다. 못 가본 길에 대한 새삼스러운 미련은 노망인가, 집념인가. (중략) 나는 누구인가? 잠 안 오는 밤, 문득 나를 남처럼 바라보며 물은 적이 있다. 스무 살에 성장을 멈춘 영혼이다. 80을 코앞에 둔 늙은이이다. 그 두 개의 나를 합치니 스무 살에 성장을 멈춘 푸른 영혼이, 80년 된 고옥에 들어앉아 조용히 붕괴될 날만 기다리는 형국이 된다. 다만 그 붕괴가 조용하고 완벽하기만을 빌 뿐이다."

박완서 산문집 『못 가본 길이 더 아름답다』의 한 대목이다. 삶의 경험에서 나온 이야기들을 도란도란 들려주던 어머니 같은 그 작가가 세상을 떠난 지도 여러 해가 흘렀다. 육십여 년 전에 있었던 한국전쟁의 상처를 아직 아물지 않은 청춘의 일로 써내는가 하면, 팔순을 목전에 두고서도 흙의 푸른 생명력에 감동하는 글을 세상에 펼치던 작가의 모습이 새삼 떠오른다. 작가는 대학에 진학하던 꽃다운 20세에 6·25전쟁을 겪고, 정체성의 상실과 삶의 고단함 속에서 성장이 멈췄다고 말한다. 그러다가 소설을 통한 치유와 위안 속에서 구원받았음을 인정하고 자부심을 얻기도 했지만 당초의 꿈은 학문을 하는 것이었다. 막 베틀에 앉아 자신이 꿈꾸던 비단을 한 뼘도 짜기 전에 무자비한 전쟁으로 인해 무참히 중턱을 잘리고 만 격이 되고 말았다고 한다.

작가의 문학은 전쟁 상처의 극복으로부터 시작되었다. 그녀가 40세라는 늦은 나이에 등단하며 이름을 알린 소설 『나목』도 전쟁의 비극이라는 배경에서 출발하고 있다. 그러나 그 다음으로 작가를 찾아온 개인적 비극은 남편과 아들의 갑작스런 죽음이었다. 그녀는 극한상황 속에서 죽고 싶은 고통을 안고 하나님께 열심히 매달린다. 천주교 신앙을 갖게 된 작가는 이 고통이 무슨 뜻이냐고 피를 토하듯 외친다. 하나님은 시간으로 그녀를 치유하시고 소리 없이 스쳐가는 시간의 흐름을 깨닫게 해 주셨다.

이후에 박완서 작가는 무기력한 도시인과 억눌린 여성의 삶에 깊은 관심을 갖고 자신의 문학세계를 넓혀 갔다. 그 세계는 사람을 넘어 살아 있는 모든 것들, 자연과 아름다운 동경의 세상을 포함하고 있었다. 특히 자신이 놓친 꿈의 길에 이르기까지 따뜻하고 애정 어린 눈길을 보내주려 애를 썼다.

이 책 『못 가본 길이 더 아름답다』가 출판되고 나서 5개월이 지난 어느 겨울 아침에 작가는 세상을 떠났다. 책머리에 "아직도 글을 쓸 수 있는 기력이 있어서 행복하다"고 했던 작가는 책의 말미에 그리운 사람들에게 보내는 글을 실었다. 먼저 이 세상을 떠난 김수환 추기경, 박경리 작가, 박수근 화백에게 그리움을 바치고 나서 작가 박완서는 정녕 못 가본 아름다운 길로 걸어가고 만 것이다.

문득 "단풍 든 숲 속에 두 갈래 길이 있었습니다"로 시작하는 프로스트(Robert Frost, 1874~1963)의 시 〈가지 않은 길(The road not taken)〉이 생각났다. 박완서의 글 제목도 프로스트 시와의 교감에서 이루어진 것이 아닐까.

"오랜 세월이 지난 후 어디에선가
나는 한숨지으며 이야기할 것입니다
숲 속에 두 갈래 길이 있었고, 나는
사람들이 적게 간 길을 택했다고
그리고 그것이 내 모든 것을 바꾸어 놓았다고"

두 길을 모두 걸을 수 있는 인간은 없다. 선택이라는 이름으로 걸어가게 될 하나의 길! 하나님의 예정이라고 말할 수밖에 없는 선택된 길을 걸으며 우리는 못 가본 그 길을 아름답게 그리면서 살아야 할 것이다.

**박완서(朴婉緒, 1931~2011)는**

남편과 아들을 잇달아 사별한 뒤 가톨릭 신앙에 귀의했다. 젊은 날 6·25라는 민족의 비극을 이겨내고 늦깎이 소설가로 등단하여 전쟁의 아픔, 여성 문제, 중산층의 삶을 대변하던 이 작가도 가족의 죽음 앞에 인간적으로 무너질 수밖에 없었다. 참척일기 『한 말씀만 하소서』를 쓰면서 하나님께 인간의 고통을 아뢰는 시간을 보내야 했다.

특히 20대의 아들을 잃은 심정을 대화체로 기술한 『나의 가장 나종 지니인 것』은 손숙의 모노드라마로 세상에 널리 소개되었다. 『그 산이 정말 거기 있었을까』와 자전적 작품 『석양을 등에 지고 그림자를 밟다』 등에서도 작가의 신앙이 잔잔히 흐르고 있다.

천주교 주보에 연재했던 글을 모은 산문집 『빈 방』에서는 작가의 신앙적 사고를 느낄 수 있고, 마지막 산문집이 된 『못 가본 길이 더 아름답다』(현대문학, 2010)에서는 인생을 돌아보며 그리운 사람들에게 신앙적 인사를 고요히 바쳤다. 그 후에 한국 소설사에 큰 족적을 남긴 여류문인은 신앙의 사람이 되어 아직 못 가본 길을 아름답게 떠나갔다.

# 이
# 해
# 인

『꽃이 지고 나면 잎이 보이듯이』

## 삶의 빈자리를 채우는 위로

이 시대의 시는 대체로 난해하고 건조하다. 그래서 독자들에게 감동을 주지 못한다. 또한 종교시는 그 표면에 시인의 신앙을 강조하는 경우가 많아 사상적 경계심을 일으킬 수도 있다. 이런 문제점들을 모두 깨뜨리는 시인이 이해인이다. 그 누구라도 알 수 있는 쉬운 언어로, 그 누구에게라도 잔잔한 마음의 감동을 전하여 주는 시를 쓴다. 수녀원의 삶을 아무런 윤색 없이 형상화해도 그 시는 신앙이 다른 독자들에게까지 거부감 없는 울림이 된다.

수녀시인 이해인의 산문집 『꽃이 지고 나면 잎이 보이듯이』는 그녀의 시와 삶에 대한 단상을 묶어낸 책이다. 상당 부분이 일기 형식으로 되어 있다. 우정일기, 수도원일기, 기도일기, 묵상일기, 추모일기 등. 시인은 자신에게 부여된 삶의 하루하루를 얼마나 사랑하며 귀히 여기고 있는지를 그 일기에 실어 놓았다. 유독 하루의 시간에 의미를 부여하는 것은 시인이 주님께 올리는 삶에 대한 경외의 표현이다.

이 책에는 인생길에서 가까웠던 사람들과 헤어지게 되는 이야기가 많다. 『꽃이 지고 나면 잎이 보이듯이』라는 제목을 보면서 독자들은 여름으로 접어든 나무의 변모를 연상할 것이고, 꽃이 진 자리마다 더 무성해진 초록의 잎사귀 같은 삶을 예찬하리라는 상상을 하기 쉽다. 그러나 시인은 그런 예상을 깨고 이렇게 말한다. "꽃이 지고 나면 잎이 더 잘 보이듯이 누군가 내 곁을 떠나고 나면 그 사람의 빈자리가 더 크게 다가온다."

사랑했던 지인들의 잇단 죽음을 목도하며 추모일기를 쓰는 것, 2008년부터 자신에게 찾아온 암을 향해 '명랑 투병'을 선언했으나 아픔 속에 갇힌 몸을 어쩔 수 없이 실감해야 하는 것, 이름 부름이 필요 없는 그날 그 마지막 순간까지 제 이름을 불러 주시라고 기도하는 것, 이 모든 것은 시인이 자신의 빈자리를 채우기 위해 부단히 애쓰고 있다는 증거들이다. 시인은 비록 몸이 아프지만, 마음이 더 아픈 수많은 사람들에게 희망과 위로를 전해 주고 있다.

지금 한국 사회는 이 위로의 메시지가 필요하다. 검푸른 바다 밑으로 열일곱 살 아름다운 꽃들이 무수히 지고, 푸른 잎 같은 뭇 인생들이 거친 물결에 휩쓸려 떠나간 그 아픈 기억을 어찌 잊을 것인가! 어떤 말로도 위로받지 못한 채 모두가 집단적 우울증에 시달리고 있는 현실 속에서 필자는 이해인 시인의 글을 떠올렸다. 그녀의 진실함과 밝음이 우리에게 위로를 줄 수 있으리라는 생각에서였다.

　　독자들을 향한 이해인의 위로 방식은 어린아이 같은 맑음과 명랑함이다. 시인이 만난 사람들은 모두 어린아이가 된다. 어머니, 추기경, 여러 문인들, 다른 종교지도자들도 그냥 해맑은 소년소녀들같이 변하고 만다. 시인과 이야기하면 다 어린아이가 되어 천국에 들어갈 기본 조건을 얻게 되는 듯한 느낌이 든다. 이 글을 읽는 우리도 어린아이가 되어 그녀의 수도원이 가톨릭 수녀들의 거처가 아니라 우리의 놀이터요, 집이요, 우리 교회요, 내 기도의 자리라는 생각을 갖게 되지 않을까!

　　시인은 이 책의 마지막 '닫는 글'을 한 편의 즉흥시로 대신하고 있다. 떠남을 준비하고 있는 시인이 세상의 많은 사람에게 주는 위로의 메시지이다. 이해인 시인에게 오래도록 더 많은 위로를 받고 싶어 하는 사람들과 함께, 필자도 시인의 쾌유를 기도하면서 그분의 즉흥시 〈여정〉을 낭송해 본다.


　　태어나면서부터
　　나는 순례자


　　강원도의 높은 산과
　　낮은 호숫가 사이에 태어났으니
　　나의 여정은 하루하루
　　산을 오르는 것과 같았고
　　물 위를 걷는 것과 같았네

지금은
내 몸이 많이 아파
삶이 더욱 무거워졌지만
내 마음은
산으로 가는 바람처럼
호수 위를 나는 흰 새처럼
가볍기만 하네

세상 여정 마치기 전
꼭 한 번 말하리라
길 위에서 만났던 모든 이에게
가만히 손 흔들며 말하리라

많이 울어야 할 순간들도
사랑으로 받아 안아
행복했다고
고마웠다고
아름다웠다고…

이해인(李海仁, 1945~ )은
　　스무 살에 부산성베네딕도 수녀회에 입회하여 시인이자 수녀로
서의 삶을 살아왔다. 세례명은 클라우디아. 시집 『민들레의 영토』, 『내 혼
에 불을 놓아』, 『오늘은 내가 반달로 떠도』, 『꽃은 흩어지고 그리움은 모이

고』 등을 펴냈으며 2013년에 『이해인 시 전집』이 간행되었다. 산문집으로
『두레박』, 『기쁨이 열리는 창』, 그리고 투병 기간 동안에 썼던 글들을 모아
『꽃이 지고 나면 잎이 보이듯이』(샘터, 2011)를 냈다.

　　시인은 2008년에 덜컥 찾아온 암으로 인해 자신의 인생관이 크
게 바뀌었다고 말한다. 스스로 말하기를 이제부터 아프고 슬픈 사람들을
대변할 수 있는 소박한 노래, 아이들을 위한 동화, 그리고 자신의 삶의 모
습을 정리한 시를 쓰고 싶다고 하였다. 그러나 지금까지도 이해인의 시는
누구에게나 감동을 주는 쉽고 대중적인 언어로 사물에 대한 사랑, 아파하
는 이들에 대한 위로가 깊이 배어 있었다. 종교를 초월하여 많은 사람에게
사랑을 받아온 이유가 바로 그것이었다.

　　그러므로 시인의 말은, 내내 걸어온 삶을 다시 돌아보며 아직도
남아 있는 인간애를 모두 태우고 싶다는 의지의 다짐이라 하겠다. 〈12월의
편지〉라는 수필에서 시인은 이렇게 말했다. "오늘 이 시간은 내 남은 생애
의 첫날이며, 어제 죽어간 어떤 사람이 그토록 살고 싶어 하던 내일이다."
가장 소중한 시간이 지금 이 순간이라는 시인의 인생관이 함축되어 있다.

# 정
# 호
# 승

『우리가 어느 별에서』

## 인간을 성찰하는 시인의 산문집

정호승의 시에서는 진한 인간 냄새가 난다. 외로운 사람들의 마음을 어루만지는 시인의 손길이 따뜻해서 그런 냄새를 풍기는 것일까. 그 인간성의 온기에 잠시 취해 있노라면 영혼이 가난할 때 부르는 노래와 함께 기도의 말을 읊조리고 싶어진다. 영혼과 기도는 신앙으로 이루어진 소산이기에, 정호승 시의 바탕이 기독교 정신에 있음을 깨닫기란 그리 어렵지 않다.

그의 따뜻하고도 외로운 시의 흐름은 신앙에서 발원하여 인간의 삶 속으로 흘러들어온 물줄기와도 같다. 시인 스스로도 자신의 시는 기독교적 세계관을 바탕으로 이루어진 것이라 했다. 그러나 그의 시는 높이 계신 예수 그리스도께 올리는 찬송이나 경배가 아니라, 어두운 시대에 가난한 이웃을 위해 오신 인간 예수와 가슴으로 나누는 대화 같은 흐름이다. 초기의 대표작으로 알려진 〈서울의 예수〉를 읽어 보자.

> "목이 마르다. 서울이 잠들기 전에 인간의 꿈이 먼저 잠들어 목이 마르다. 등불을 들고 걷는 자는 어디 있느냐. 서울의 들길은 보이지 않고, 밤마다 잿더미에 주저앉아서 겉옷만 찢으며 우는 자여. 총소리가 들리고 눈이 내리더니, 사랑과 믿음의 깊이 사이로 첫눈이 내리더니, 서울에서 잡힌 돌 하나, 그 어디 던질 데가 없도다." 〈서울의 예수〉 제3연.

예수님이 가난한 서울 사람들의 이웃으로 오셔서 목말라 울고 있어야 하는 현실, 바로 그곳에서 시인은 인간에 대한 깊은 성찰을 시도한다. 그는 인간 삶 자체의 고통을 서정적으로 승화시켜 『슬픔이 기쁨에게』, 『외로우니까 사람이다』, 『내가 사랑하는 사람』 등의 시집을 냈다.

『우리가 어느 별에서』(열림원, 2015)는 정호승의 시 제목이기도 하지만, 여기서는 산문집의 표제로 사용되었다. 시인은 1996년에 첫 산문집으로 이 책을 출간했는데 그 후로 네 번에 걸친 개정을 거듭한 끝에 드디어 2015년, 이 제목으로 완성을 보게 되었다고 한다. 그렇다면 이십 년에 걸친 시인의 삶과 영혼의 성찰이 여기에 고스란히 담겨 있는 것이다.

1부의 표제로 사용된 글이 〈십자가를 품고 가자〉이다. 십자가를 짊어지는 것은 고통이지만 가슴에 품고 가면 포옹이요 기쁨이라고 한다.

그의 글은 다음과 같이 마무리된다.

"우리는 인간이기 때문에 자신에게 주어진 십자가를 결코 버릴 수 없다. 신이 인간을 사랑하는 방법은 고통의 방법이다. 어차피 우리에게 주어진 고통의 십자가라면 이제 엄마가 아기를 껴안듯 껴안고 가자. 불가에서도 내 안에 부처가 있다고 말하지 않는가. 어쩌면 나 자신이 바로 내가 껴안고 가야 할 가장 고통스러운 십자가인지도 모른다."

이 책에서는 상처를 준 사람에 대한 용서, 인생의 폭풍우를 겪는 과정에서의 인내, 사막을 통한 존재의 참 모습, 불행한 인간 개인들을 향한 위로가 새겨져 있다. 그리고 어머니에 대한 그리움과 자연을 향한 꽃의 신비가 주요 소재로 장식되어 있다. 마지막으로 세월호의 아픔 속에서 대한민국에 대한 희망을 기도하고, 그 아픔을 감싸준 프란치스코 교황에게 감사의 글을 전하고 있다. 신앙에서 시작한 그의 시는 개인의 외로움이나 국가적 고통을 끌어안고 드넓은 자연으로 나아가 세상을 향해 위로의 음성을 들려준다.

특히 그의 서정시는 대중의 사랑을 받아 대중가요의 노랫말이 되어 널리 퍼졌다. "우리가 어느 별에서 만났기에/ 이토록 서로 그리워하느냐/ 우리가 어느 별에서 그리워하였기에/ 이토록 서로 사랑하고 있느냐" 안치환의 노래 〈우리가 어느 별에서〉는 정호승 시를 개사한 것이다. 시인은 이제 지친 인간들의 삶을 보듬고 사랑으로 위로를 나누는 대중적 매력을 발산하면서 자신의 영역을 넓혀 가고 있다.

아울러 그의 신앙도 넓은 세계를 지향한다. 부모님의 신앙을 따라 교회에서 자라난 그가 이후에 얻게 된 천주교에서의 세례 경험, 욕망을 벗어버린 차원에서 불교에 대한 관심 등을 함께 보태서 인간애에 입각한 시를 쓰고 있는 것이다. 그렇지만 정호승 시인의 신앙적 기반은 이 책에서 보여주는 것처럼 어머니로부터 물려받은 새벽기도의 고요함과 겸손함에 있다. 교회당의 차디찬 마룻바닥에 꿇어앉아 두 손을 공손히 모으고 기도하던 어머니의 겸손한 믿음이 이 시대를 위로하는 시인을 낳게 한 것이다.

정호승(鄭浩承, 1950~ )은

기독교 가정에서 모태신앙을 갖고 태어났다. 지금도 시인 자신의 시와 삶의 정서를 관류하고 있는 것이 기독교라고 고백한다. 그는 20대에 읽었던 순교자들의 이야기에 감명을 받아 성당에 다니기 시작하였다. 천주교인이 되었으면서도 여러 종교에서 진리를 배운다는 태도를 견지하고 있는 탓에 불교적 이미지가 흐르는 시들도 많다.

그래서 그는 시적 상상력만큼은 한계가 없이 차용하고 싶다는 생각을 고집한다. 시가 존재하는 것은 인간이 물질로만 사는 것이 아니라 영혼을 위한 것도 있어야 하는 까닭이라 말하며, 마치 인생의 바다에 떠있는 섬과 같은 것이 시라는 표현도 썼다. 이런 의미에서 그의 시와 시론은 종교적이다. 시인은 인간이 종교적 존재라는 확신을 갖고 있다.

그는 시집으로 『슬픔이 기쁨에게』, 『서울의 예수』, 『새벽편지』, 『별들은 따뜻하다』, 『외로우니까 사람이다』 등을 비롯, 대중적으로 사랑받은 시 101편을 가려 뽑은 『수선화에게』를 냈다. 또한 산문집 『내 인생에 힘이 되어준 한마디』, 『내 인생에 용기가 되어준 한마디』도 간행했다. 쉬운 언어로 현실의 이야기를 쉽게 쓰려 노력하는 시인이다. 민중의 삶 속에서 따뜻하게 우러나는 서정성, 시대의 문제와 진지하게 만나려는 감동적 접근법으로 인해 많은 독자들의 사랑을 받고 있다.

# 오
# 정
# 희

## 『오정희의 이야기 성서』

## 말씀을 만나는 경험

새해를 맞을 때마다 올해는 성경을 꼭 한 번 통독하겠다고 다짐하는 그리스도인들이 많다. 그러나 몇 년 전부터 마음에 세웠던 그 결심이 바빠서, 힘들어서, 구약 초반의 율법서가 너무 지루해서, 미처 생각지도 못한 여러 가지 이유로 흔들리고 말았던 경험을 가진 이들도 부지기수일 것이다. 다시 힘을 내시기 바란다. 그리스도인이 아닐지라도 성경을 위대하고 장엄한 문학작품으로, 또는 서양의 정신세계를 이해하는 지름길로 여겨 열심히 읽는 사람들이 많다. 그런데도 기독교인이라면서 성경을 단 한 번도 성실히 통독하지 않았다면 어찌 그 이름으로 불릴 자격이 있겠는가.

정말이지 성경읽기는 쉽지 않다. 어느 때는 단순한 읽기를 멈추고 내 자신을 돌아보며 하나님 앞에 꿇어앉을 수밖에 없는 상태가 된다. 감격의 눈물이 가슴을 적시는 날이면 그냥 성경을 끌어안고 하염없이 하늘만 바라볼 때도 있다. 불신의 그늘이 덮여와 믿음이 약해진 상황에선 하나님의 말씀과 밀고 당기는 신경전이 벌어진다. 바로 그때가 내 인생이 어둠 속에서 방황하는 위기의 시간이다.

몇 차례 성경을 통독하고 나면 필사에 도전해 보고 싶어진다. 성경을 베껴 쓰는 작업이다. '사경(寫經)'이라 일컫기도 하지만 그것은 불교용어로 정착되어 있는데다 의미도 분명치 않으므로 '성경 필사'라고 부르는 것이 적절하다. 베껴 쓰기는 그 대상에 대한 관심과 사랑 없이는 불가능한 일이며, 내 마음으로 옮겨진 대상과의 일체감을 통해 자기 발전의 과정이 될 수 있다. 신구약 전부를 필사하는 일은 보통 1~2년이 걸리는 길고도 고된 작업이다. 최근에 '한국교회 성경필사본 전시회'가 열렸다. 정한 붓글씨, 두루마리나 병풍에 새긴 예술적 글씨, 여러 외국어 성경 문자 등 필사의 방식은 각각 달랐으나 오랫동안 말씀을 일일이 손으로 베끼면서 신앙의 성장과 은혜 체험을 했다는 점은 모두 한결같았다. 우리도 가족과 이웃이 함께 성경 필사를 실행하여 믿음의 진보를 이루어갔으면 좋겠다.

오정희 작가는 자신도 역시 통독과 필사에 실패했던 경험이 있음을 고백한다. 작가는 자기 안의 욕구가 좀 더 절박해지기를 기다렸다가 성경을 읽기보다 '만나는 것'으로 생각하고 글을 쓰기로 했다고 한다. 단순히 성경을 필사한 것이 아니라 읽은 그 말씀을 이야기로 바꾸어 써낸 것이다. 『오정희의 이야기 성서』는 그렇게 해서 한 권의 책이 되었다. 작가는 서문에서 다음과 같은 말을 남기고 있다.

"이 책은 오로지 성서를 성실히 읽고 만나고 싶다는 내 마음의 소산이다. 애초에 독창성이나 새로움이 가능하지 않은 글이고 스스로 그러한 기대도 의지도 없었다. 다만 세례교인이되 성서에 대한 지식도 믿음도 보잘것없는 나 자신, 혹은 갈망은 있으되 자신의 무지와 어리석은 물음이 부끄럽고 조심스러운 나와 같은 사람들을 향한, 그들과 함께 읽고자 하는 성서 이야기라는 것이 솔직한 고백이겠다. 나는 내게 소설을 쓰게 하는 힘이란 깊은 곳에서 느끼는, 살아가는 일의 슬픔과 쓸쓸함이라고 표방하기도 하는데 성서를 찾아 읽는 마음 또한 세상에 가득한 고통과 슬픔의 불가해함에 대한 물음일 것이다."

삶의 슬픔과 고독을 써내는 소설가로서 성경을 읽는 것은, 세상에 이해할 수 없는 고통과 슬픔을 질문하기 위한 것이었다고 한다. 이에 대한 대답으로 작가는 성경을 써내려갔다. 그냥 성경말씀을 그대로 쓴 것이 아니라 그 구절들을 소설가 자신의 언어로 옮겨 썼다. 아직 성경 전체를 다 쓰지는 못했고 〈창세기〉, 〈출애굽기〉, 〈마태복음〉만 일단 한 권의 책으로 엮었다. 작가는 이 책의 부제를 '가장 오래된 사랑의 기록'이라 하였다. 하나님의 창조와 인류를 향한 사랑, 이스라엘 민족에게 베푸신 구원, 예수 그리스도의 사랑의 발자취를 이야기로 옮겼기 때문이다.

오정희 작가는 『유년의 뜰』, 『옛 우물』, 『새』 등의 작품을 통하여 고립된 인간들의 본질 문제에 대한 접근을 시도해 왔다. 영혼의 고뇌와 심리적 갈등을 진지하게 묘사하는 작가로서 독자들에게 스스로 내면을 살피고 자신을 성찰할 기회를 제공해 주었다. 그 작가의 생각과 묵상과 질문이 성경 이야기로서 우리 앞에 펼쳐져 있다.

우리도 이 작가를 따라 성경 필사와 함께, 성경의 구절을 '내 자신의 언어로 옮겨 쓰기'를 시도해 보았으면 한다. 작가가 아닌데 어떻게 할 수 있을까 하는 염려를 버리고 기도와 묵상, 말씀 읽기와 필사하기, 그리고 나의 언어로 말씀 옮겨 쓰기를 시도하면 무난히 첫걸음을 뗄 수 있다. 이 옮겨 쓰기 과정에서 하나님의 근원적 사랑, 세상에 가득한 슬픔의 위로와 해결, 믿음의 놀라운 성장을 경험하게 될 것이다.

### 오정희(吳貞姬, 1947~ )는

천주교인이며 세례명이 실비아이다. 가톨릭문인회 회장을 지냈다. 자신은 언어를 다루는 사람이지만, 장황한 말의 숲에서 헤매임 없이 곧장 주님께로 가닿는 화살기도를 드리고 싶다는 소설가로서의 신앙고백을 하고 있다. 『오정희의 이야기 성서』(여백, 2012)를 쓴 것도 겸손하고 조심스러운 믿음의 갈망에서 나온 것이다.

대표적인 단편 〈중국인 거리〉는 전쟁의 상처를 안고 살아가는 사람들의 어두운 모습을 아이의 눈으로 그려낸 성장소설이다. 다시 단행본으로 출간되면서 외국어로 번역되었다. 이미 오정희 소설은 영어, 독일어, 프랑스어로 번역되어 구미 지역에서 높은 평판을 얻고 있다. 인간의 존재론적 불안과 내면의 고뇌를 밀도 있게 다룬 작품세계가 주목을 받았기 때문이다.

오정희 작가는 과작으로 유명하다. 고독과 죽음이라는 무거운 주제에 천착한 것도 원인이지만, 문장을 마치 세공하듯 쓰는 정치한 노력이 그런 결과를 불렀을 것이다. 소설집으로 『불의 강』, 『유년의 뜰』, 『바람의 넋』, 『불꽃놀이』, 『새』, 『가을 여자』 등이 있으며, 산문집 『내 마음의 무늬』는 소설가로서의 고해성사 같은 자기고백적인 내용을 담았다.

# 고진하

『시 읽어주는 예수』

## 마음을 여는 메아리

어느 고요한 시간에 예수님이 우리 귓전에 친히 읽어주시는 시를 들어보자. 『시 읽어주는 예수』, 이 책은 예수님을 시 낭송가로 모시고 그분의 목소리로 들려주실 만한 작품들을 골라 소개하고 있다. 예수님은 왜 이 시대의 사람들에게 시를 들려주셔야만 하고, 그 시는 과연 어떤 작품들이며, 그 시를 듣고 난 사람들은 무엇을 얻게 되는 것일까?

지은이 고진하는 목사이며 시인이다. 그는 2015년 유월 초순, KBS 다큐멘터리 프로그램 〈인간극장〉에 가족과 함께 출연한 적이 있다. 강원도 원주 명봉산 자락에 있는 작은 마을, 거기 자신이 수리한 낡은 한옥에

'불편당(不便堂)'이라는 당호를 붙이고 살아가는 가족으로 소개되었다. 목회의 대상인 사람들보다 오히려 자연과의 조화에 더 정성을 쏟은 끝에 잡초를 거두어 요리하면서 미래의 양식에 대한 연구에 빠져 있다고 한다. 평범한 것 같지만 결코 범상치 않은 삶이다.

목사로서 그의 선포는 대부분 영성을 울리는 시들로 이루어진 것임을 짐작하게 한다. 그에게는 예수님이 모든 사람을 향해 시인이 되기를 바라고 계신다는 확신이 있다. 예수님은 지금도 살아 있는 언어로 우리의 심금을 울리고 있으며, 펄펄 뛰는 물고기처럼 생동하는 그 말씀이 곧 시라는 사실을 깨달았기 때문이다.

그렇다면 지은이가 예수님께 여쭈어 이 책에 모신 시인들은 누구이며, 낭송자이신 예수님께서 직접 읽어주실 시는 어떤 것일까? 지은이는 그 기준에 대하여 분명한 논리를 갖고 있다. 틀에 갇힌 기독교의 교리적 언어를 사용하지 않고 자유로운 언어로 모든 관계의 합일을 꿈꾸는 분들이 쓴 시가 대상이 된다고 말한다. 그렇게 뽑은 36편의 시는 과거와 현재, 그리고 동양과 서양을 초월한 작품들이며, 그것들이 저자의 자유로운 해설과 조화를 이룬 채 독자와의 만남을 기다리고 있다.

중세의 성자 프란체스코의 〈평화의 기도〉로부터 롱펠로, 헬렌 켈러를 거쳐 필립 시먼스와 일본의 현존시인 다니카와 슌타로에 이르기까지 다양한 동서양의 시가 소개되고, 기독교와 다른 문화 속에 있는 타고르, 승려 틱낫한의 시도 등장한다. 우리나라 시인으로서는 〈시인 예수〉를 쓴 정호승으로 시작하여 마종기, 김지하, 박성룡, 신현정, 김현승, 고정희 등을 거쳐 고진하 자신의 시로 책을 마무리하고 있다. 필자에게 이 중에서 특히 감동적인 한 편의 시와 해설을 뽑아 보라 한다면, 이문재의 시 〈오래된 기도〉와 그에 대한 지은이의 오마주를 듣고 싶다.

　　　가만히 눈을 감기만 해도
　　　기도하는 것이다

　　　왼손으로 오른손을 감싸기만 해도
　　　그렇게 맞잡은 두 손을 가슴 앞에 모으기만 해도
　　　말없이 누군가의 이름을 불러주기만 해도
　　　노을이 질 때 걸음을 멈추기만 해도
　　　꽃 진 자리에 지난 봄날을 떠올리기만 해도
　　　기도하는 것이다

　　　　　　　　　　　　- 이문재의 〈오래된 기도〉 중에서

　　　이 휘황한 세상의 유혹에 한눈팔지 않고
　　　한 목표를 바라보기만 해도, 우리는 기도하는 것이다
　　　안에서 자꾸 일어나는 허랑한 욕심과 집착을
　　　매일 조금씩 덜어내기만 해도,
　　　나를 휘둘리게 하는 바깥일에 거리를 두고
　　　내 안에서 일어나는 생각의 폭풍을 잠재우기만 해도,
　　　우리는 기도하는 것이다

　　　　　　　　　　　　- 고진하의 해설 오마주 중에서

'오마주(hommage)'는 프랑스어로 '존경, 경의'라는 뜻으로서 다른 작품에 대한 존경의 의도를 담아 인용하는 표현이다. 지은이가 이렇게 했던 이유는 자신이 '일상의 성화(聖化)'를 추구하며 목회와 시 창작을 하고 있기 때문이다. 일상의 성화란, 밥을 먹고 노동을 하고 이웃과 사귐을 갖는 등 삶의 모든 순간 속에서 신성의 임재를 깨닫고 살아감을 지향하는 일이라 하였다. 이런 일상의 순간마다 기도의 마음자리를 가질 수 있는 것은 항상 깨어 있기에 가능한 일이라 여기며, 이 시가 우리를 보다 넓은 기도의 영지로 안내했다는 찬사를 보내고 있다.

우리는 이 시들과 해설을 읽으면서 참 자유로움이 무엇인지 거듭 깨닫게 된다. 우리가 하는 모든 일과 생각이 욕심 없는 마음에 비추어 형식과 교리에 얽매이거나 집착하지 않는다면, 지은이처럼 불편당을 지어 굳이 산속으로 들어가지 않는다 해도 영혼의 정원에서 속삭이는 시의 메아리를 들을 수 있을 것이다. 인생의 바쁜 걸음을 잠시 멈추고 예수님이 읊어주시는 시 한 편을 듣는 것보다 행복한 일이 또 어디 있겠는가.


고진하(1953~ )는

감리교신학대학교 출신 목사이다. 모월산인(母月山人)이라는 필명을 갖고 시를 비롯한 여러 장르의 글을 쓰며, 한살림교회에 시무하고 있다. 이 교회는 건물이 없고 그가 거주하는 원주 지역의 카페를 빌려 예배를 드린다. 고진하 목사는 기독교 영성에 관한 연구는 물론, 불교와 노자, 그리고 각별한 관심의 대상인 인도의 우파니샤드에 이르기까지 폭넓은 사상성을 소유하고 있다. 일종의 순례기라 할 수 있는 『신들의 나라, 인간의 땅』을 쓴 것도 이런 사상적 배경에 기인하였다.

그는 원주 명봉산 아래 '불편당'이라는 이름의 집을 짓고 잡초를 기르는 생활을 한다. 주위에 널린 풀들이 미래의 식량이 될 것이라는 확신을 갖고 잡초 요리와 연구에 골몰하고 있다. KBS 〈인간극장〉이 고진하 목사 내외의 삶을 직접 방영하기도 했다. "흔한 것이 귀한 것이다"는 생각을 바탕으로 성령론을 이해하고 자본주의의 한계를 극복하려는 태도를 보여준다.

시집으로 『지금 남은 자들의 골짜기엔』, 『프란체스코의 새들』, 『우주배꼽』, 『얼음수도원』, 『꽃 먹는 소』 등이 있고, 산문집에 『나무신부님과 누에성자』, 『목사 고진하의 몸 이야기』, 그리고 시들을 소개한 산문집 『시 읽어주는 예수』(비채, 2015)를 출간했다. 『명랑의 둘레』라는 시집으로 영랑시문학상을 받았다. 성(聖)과 속(俗)이 갈등하고 화해하고 공존하는 삶의 과정을 서정적으로 탐색했다는 평가가 뒤따랐다.

# 김 영 현

『죽음에 관한 유쾌한 명상』

## 죽음에 숨겨진 생의 위안 찾기

그리스도인이라는 이름을 갖고 있으면서도 하나님의 의와 사랑에 대해 깊이 생각하거나 실천하지 못하는 사람이 적지 않다. 그것 때문에 세상 사람들로부터 비난을 받기도 하고, 그것을 깨닫는 순간 스스로 부끄러운 고백을 하지 않을 수 없게 된다. 그리스도인으로서 사는 것은 이처럼 어려운 일이다. 그러나 적어도 그리스도인이라면 죽음에 관하여 깊이 생각하고 그 이후의 삶에 대한 확신을 갖고 있다는 점에서 세상 사람들과 다르다. 물론 믿음에 따라 차이가 있겠지만 예수 그리스도를 믿는 그 자체가 죽음과 부활, 그리고 하나님나라와 영생을 받아들이는 데서 비롯되기 때문이다.

그렇다고 해도 성경말씀이나 매주일 선포되는 수많은 설교가 죽음에 관해 명쾌한 설명을 내려주고 있는 것은 아니다. 예수님께서는 인간들이 예외 없이 당할 죽음의 과정을 공식처럼 제시하지 않으셨고, 또 죽음과 관련된 창조주 하나님의 의도를 도식적으로 설명하지도 않으셨다. 따라서 세상 사람들은 말할 것도 없고 그리스도인들조차 죽음을 두려워하고 회피하며 입에 올리기조차 싫어하는 경우가 많다. 죽음이라는 공포에서 벗어나지 못한 채 그것을 그냥 멀리 밀쳐두고만 싶은 것이다.

인생에서 가장 궁극적인 문제를 정면으로 다루지 못하기는 문학이나 철학에서도 매한가지다. 죽음을 주제로 다룬 작품은 숫자도 많지 않고 그 내용 또한 극도로 난해하거나 허무감만을 짙게 남긴 경우가 대부분이었다. 이런 상황에서 소설가 김영현은 누구든지 죽음과 쉽게 접할 수 있기를 바라는 마음으로『죽음에 관한 유쾌한 명상』이라는 에세이를 써냈다. 그는 이 글의 목적을 밝히는 자리에서 '죽음이 생의 위안이 될 수 있다는 깨달음을 주기 위해'라고 말했다. 그러니까 삶의 위안을 얻기 위해 찾은 소재가 바로 죽음이라는 뜻이다. 그리스도인이든 아니든 모든 독자가 정말로 죽음에서 유쾌한 위안을 얻을 수 있을까?

일단, 이 에세이를 기독교문학의 영역 안에 둘 수 있을 것인지에 대한 논의가 필요할 것 같다. 죽음에 관한 입장이나 관점은 종교적으로 크게 다르기 때문에 작가의 글이 기독교적 사고에 바탕을 둔 것인가의 여부를 판별하는 작업을 생략할 수는 없다. 김영현 작가는 죽음에 관한 소재들을 동서양 각처에서 시간에 구애받지 않고 다양하게 찾아냈다. 그리스도의 죽음과 부활이 깊이 있게 다루어졌을 뿐 아니라 불교를 포함한 동양의 생사관이나 소크라테스의 죽음에 대한 이야기들까지 망라되어 있다.

모든 사람에게 삶의 위안을 보내고 싶은 작가의 목적이 기독교적 테두리를 벗어나 자유로운 명상의 세계를 활보하고 있는 격이다. 그렇지만 작가는 이 책의 클라이맥스를 향해 달려가면서 이렇게 외치고 있다.

"죽고 난 다음에 나의 영혼은 어디로 갈까? 그런 것이 과연 있을까? 그 대답은 당신의 믿음이 해 줄 것이다. 아마도 당신의 믿음대로 될 것이다."

여기서 영혼과 죽음에 대한 작가의 믿음이 무엇인지 알고 싶어진다. 우리는 그의 마음 깊은 곳에 있는 믿음을 들출 어떤 자격도 갖지 못했지만, 독자로서 그의 책을 읽고 많은 명상의 과정을 거쳐 왔으므로 그의 믿음이 우리에게 위안을 줄 수 있으리라는 기대가 강렬하게 남아 있는 까닭이다. 작가는 유신시대에 철학과 학생으로서 불의한 현실에 저항하다 감옥과 군대로 이어진 고통의 시간을 보냈다. 그 상처의 후유증을 소설 쓰기로 극복하면서 문학은 자신의 병력(病歷)이라는 고백도 남겼다. 이 병을 치유하려는 작가의 노력은 참된 신앙공동체의 추구로 나타나고 있다. 그의 소설로 널리 알려진 『그리고 아무 말도 하지 않았다』에서 그런 의도가 구체화되기도 했다.

"모든 종교는 영혼의 존재를 믿는다. 영혼은 살아 있는 동안 몸과 더불어 있지만 몸과는 독립적이다. 몸은 죽어도 영혼은 여전히 다른 형태로 존재한다. 몸이 죽고 끝이라면, 영혼이 없다고 한다면 세상의 어떤 종교도 성립하지 못했을 것이다. 영혼이 있기 때

문에 내세도 있고 윤회도 가능하다. 영혼이 있기 때문에 지옥이
나 천당도 존재할 수 있고, 사후 심판도 할 수 있다. 영혼이 있기
때문에 우리는 죽은 후에 단지 끝나는 것이 아니라 '불멸'로 가
는 또 하나의 문 앞에 서게 되는 것이다."

영혼에 관해 말하면서 작가는 여러 종교의 용어를 사용하고 있
지만, 그래서 보편적인 죽음에 관한 명상으로 이 책을 쓰고 있지만, 영혼
에 대한 이해는 기독교적 정체성을 벗어나지 않는다.

결국 작가는 믿음의 선택이라는 결론에 도달한다. "각자가 선택
한 믿음의 체계에 따라 죽음에 대한 태도가 확연히 달라진다. 그리고 죽음
에 대한 태도는 생에 대한 태도를 결정한다." 이 믿음이 일생을 좌우하는
무거운 선택임에 틀림없으나, 이미 그리스도인으로서 믿음 체계를 확립한
우리에게는 죽음의 명상까지도 따뜻하고 유쾌한 일이 될 수 있을 것이다.

김영현(金永顯, 1955~ )은
스스로 기독교인이라 내세우지도 않고, 여러 종교와 철학을 수용
하는 태도를 보인다. 종교인이 아닌 듯 살아가는 종교인의 모습이 최근의
에세이집 『죽음에 관한 유쾌한 명상』(시간여행, 2015)에도 은은히 배어 있다.
그러나 작가는 어렸을 적부터 교회를 벗어나지 않았으며, 강제 징집된 군
대에서도 군종병을 지냈고, 문단 활동에서 떠나 경기도 한 마을에 은거하
고 있는 지금도 새길교회에 출석하는 교인이다. 새길공동체가 발행하는
잡지에 꾸준히 글을 쓰기도 한다.
그는 젊은 날 암울한 시대 상황에 저항한 철학도였다. 감옥에서 절

망을 경험했고, 이후 고문의 후유증으로 고통 받으며 글쓰기에 매달렸다. 당연히 그의 작품 속에는 시대의 아픔이 짙게 배어 있다. 민주주의에 대한 열망, 분단 상황의 비극, 그리고 삶과 죽음의 문제들이 그것이다. 『깊은 강은 멀리 흐른다』, 『그리고 아무 말도 하지 않았다』, 『누가 개를 쏘았나』와 같은 그의 대표작들에서 무거운 철학적, 사회적 주제와 만날 수 있다.

작가는 실천문학사 대표로 일하던 2008년에 작가정신이 사라진 문단의 현실에 분노하며 문단 활동을 스스로 접었다. 양평 지역에 은거하며 글쓰기에만 몰두하고 있다. 구도자적인 인생 행보 속에 작가가 사유하고 있는 가장 큰 문제는 죽음에 관한 것이다. 지금까지 무겁고 두려운 것으로 인식했던 죽음에 대한 태도를 바꾸어 작가 자신이 먼저 그것을 쉽고 유쾌하게 대면하려 하고 있다. 죽음이란 피할 수 없는 실존적 문제이기 때문이다.

# 이
# 철
# 환

『예수 믿으면 행복해질까』

## 생각의 틀을 바꾸는 분별력

"하나님 믿으면 기쁜 일만 생기나요?" 그리스도인이라면 누군가로부터 많이 받았을 질문이고, 또 그리스도인이면서도 누구에겐가 묻고 싶은 질문이기도 하다. 작가 이철환은 이 문제에 대답하기 위해 자신의 삶에서 얻은 신앙고백적인 이야기를 펼치고 있다. 이 책은 '생각의 틀'과 '분별력'이라는 두 가지 개념을 이해함으로써 문제 해결에 접근할 수 있도록 도와준다.

많은 독자들은 이미 이철환이라는 작가의 진정성을 믿고 있다. 그는 『연탄길』이라는 작품집으로 400만을 넘어서는 독자를 확보했고, 그

것이 뮤지컬로 만들어져 공연되었는가 하면, 글의 대본은 고등학교 문학 교과서에 실렸다. 『연탄길』은 가난한 사람들의 이야기로서 사람들의 마음을 따뜻하게 해 주는 힘이 있었다. 뒤이어 나온 이 책 『예수 믿으면 행복해질까』(생명의말씀사, 2015)는 그 따뜻한 힘의 원천이 기독교 신앙에 있으며, 진정성의 바탕도 믿음의 분별력에 기인한다는 사실을 세상에 알린 것이라 하겠다. 작가는 "절망으로 가득했던 저의 이야기를 통해 누군가가 하나님을 만날 수 있기를 바랍니다"라는 기도 속에서 독자들과의 진정한 교감을 시도한다.

작가는 이 책이 자신의 아픔에 대한 기록이 아니라고 전제했지만, 그 아픔은 처음부터 끝까지 독자들의 가슴에 생생하게 전달된다. 만약 독자들이 그 아픔을 함께하지 못한다면 작가에 대한 신뢰도 사라질 것이며 이 책의 가치 또한 평가받기 어려울 것이다. 그러나 작가는 무조건 자신의 고통만을 앞세우지 않는다. 그 대신 고정관념의 틀, 편견의 틀에 갇힌다면 그것이 견고한 성이 되어 버린다는 점을 우려하고 신앙생활은 하나님께서 가르쳐 주신 올바른 분별력 아래 이루어져야 함을 강조한다. 더 일찍 분별력을 가졌더라면 그 캄캄한 아픔의 시간을 겪지 않을 수도 있었을 것이라며 안타까움을 드러낸다.

그 아픔의 기억은 상상을 초월할 정도로 충격적이다. 마치 전기톱으로 쇠파이프를 자르는 소리가 단 일 초도 멈추지 않는 이명의 고통과 거기 수반되는 불면증, 우울증, 어지럼증, 그리고 자살 충동들이 인생을 벼랑 끝으로 내몰았다고 한다. 뿐만 아니라 그 아픔을 참고 써낸 원고가 3년 동안 다섯 개의 출판사에서 거절당하고 절망의 극단에 서게 되었다. 어쩌면 지난 날 미국에서 잭 캔필드와 마크 빅터 한센이 33번이나 매몰찬 거부를 받으며 아무도 읽지 않을 것이라는 평을 받았던 『영혼을 위한 닭고기 수프』를 출간한 비화와도 유사하다.

"너희는 이 세대를 본받지 말고 오직 마음을 새롭게 함으로 변화를 받아 하나님의 선하시고 기뻐하시고 온전하신 뜻이 무엇인지 분별하도록 하라"(롬 12:2). 성경은 이렇게 말씀하시지만 우리는 자칫 분별력 없이 날뛰는 사나운 짐승이 되기도 하고, 함정에 머리를 들이미는 어리석은 물고기 같은 모습을 보이기도 한다. 하나님은 선한 분별력을 주셔서 우리를 편견의 틀에서 벗어나 새로운 곳을 향해 용감히 걸어가도록 하셨다고 한다. 그래서 작가는 '예수 믿으면 행복해질까' 하는 질문에 다음과 같은 증거를 들어 대답하고 있다.

"예수님을 통해 복을 받는다는 것은 무엇일까요? 단지 내가 하고 있는 일이 잘 풀리는 것만이 복 받는 것이 아니었습니다. 마음 한쪽에 자리 잡고 있는 예수님에 대한 뿌리 깊은 의심에도 불구하고 예수님은 나를 포기하시지 않고 여전히 내 손을 잡고 계신다는 것, 그것이 예수님을 통해 복을 받고 있다는 증거입니다. 돌이킬 수 없을 만큼 타락할 수 있는 내가 덜 타락하는 것, 심지어는 돌이킬 수 없을 만큼 타락해 만신창이가 된 몸으로도 다시금 나를 돌이켜 예수님께로 돌아올 수 있다는 것, 그것이 예수님을 통해 복을 받고 있다는 증거입니다. 욕망의 끝자락을 잡고 전전긍긍할 수밖에 없는 내가, 적으나마 자신의 현재를 돌아보며 마음의 여유를 조금이라도 찾는 것. 가난이나 불행 속에서도 행복이나 감사의 조건을 찾으려고 애쓰는 것. 절망과 질병의 고난 속에서도, 고난을 통해 예수님께서 내게 말씀하시고 싶은 것은 무엇일까, 자신을 향해 질문을 던져보는 것. 바로 이러한 것들이 예수님께서 내게 복을 주시고 있다는 증거입니다."

이철환 작가는 이 책 속에 자신이 직접 그림을 그렸다. 이전의 책들에서도 그의 그림들은 독자들의 마음을 어루만지는 구실을 해 왔다. 글과 그림이 함께하는 정성스런 에세이가 세상 사람들의 고정관념을 깨뜨리는 도구가 되어 가난한 이들에게 희망을, 슬픔을 당한 자들에게 위로를 주었으면 좋겠다. 그의 활발한 강연 활동도 세상을 밝게 하는 불빛이 되었으면 한다. 소설집 『눈물은 힘이 세다』, 동화집 『아름다운 꼴찌』, 『세상에서 가장 맛있는 자장면』 등을 이어나갈 따뜻한 그의 글이 기다려진다.

### 이철환(1962~ )은

높은뜻정의교회 집사이다. 청년시절까지 방황하는 신앙이었으나 이제 분별력 있는 믿음을 갖기 위해 노력하는 그리스도인으로 소개되고 있다. 자신이 예수 그리스도를 선택한 것은 그 길만이 스스로 살아갈 수 있는 유일한 방법이라는 확신 때문이었다고 고백한다. 그는 이명 증상과 우울증 같은 심각한 질병으로 인해 고통의 시간을 보냈다. 그런 어려움을 이겨내고 믿음의 글을 써서 작가가 된 그는 간증할 소재도 많다.

영어학원 강사, 풀무야학 교사를 거쳐 글쓰기에 집중한 결과 따뜻한 이웃들의 이야기 시리즈 『연탄길』을 펴냈다. 흔히 작가로서 등단의 과정이라 할 추천이나 당선 같은 절차도 거치지 않았다. 오직 부모와 아이가 함께 읽을 수 있는 글을 쓰고 싶다는 그의 뜨거운 염원이 『연탄길』

1~4권으로 이루어졌고, 이에 보답하기 위해 많은 강연과 후속 작품 집필에 열성을 보였다.

　　삶에 위로를 주는 글로서 『행복한 고물상』, 『곰보빵』, 『보물찾기』, 『어떻게 사람의 마음을 얻을 것인가』 등이 있으며 소설집 『눈물은 힘이 세다』로 주목을 받았다. 이어서 신앙적인 깨달음과 묵상을 담은 책 『예수 믿으면 행복해질까』는 작가의 고백적 내용과 직접 그린 그림을 조화시켜 독자들의 마음을 사로잡았다. 그가 C. S. 루이스와 헨리 나우웬을 롤모델로 삼고 있다고 말한 것을 볼 때 앞으로 작가의 글은 〈나니아 연대기〉나 〈상처 입은 치유자〉처럼 은총의 판타지와 경건생활이 함께하는 영성 지향의 세계로 나아가리라 예상된다.

# The Must Read in
# Korean Christian Literature

3장
—
기독교 평론과
논설문

# 한
# 완
# 상

『바보 예수』

## 첫째의 꼴찌 되기

'바보'란, '바로 보는 사람'이며 '바로 보살펴주는 사람'이라고 한다. 한참 유행하던 두문자어의 희롱인 것 같아 피식 웃음이 나올 법하다. 그러나 이 세상에서 가장 바보스러운 선택을 하고 바보의 모범이 된 존재가 예수 그리스도라고 한다면 우리의 얼굴에서 웃음기를 거둘 수밖에 없다. '바보 예수'의 클라이맥스는 스스로 죽으러 가는 메시아가 된 사실이다. 그 바보스런 일이 복음의 핵심과 본질이 되었다. 복음의 가치는 바보 메시아가 되는 예수의 고난과 죽음, 그리고 부활에서 빛나게 되는 가치라고 한다.

저자 한완상은 예수 그리스도를 '바보'라 일컬으면서 십자가의 참

뜻과 복음의 본질을 드러내려는 목적을 갖고 『바보 예수』라는 책을 썼다. 그의 글 속에서 부단히 제시되는 신앙관과 인생관, 남다른 이력과 고통스러웠던 과거는 이제 하나의 지향점으로 집결하고 있다. 그것은 자신도 예수님처럼 바보가 되고 싶다는 것이고, 이 책을 읽는 사람들 모두가 바보 같은 '예수따르미'가 되기를 바라고 있다는 것이다.

　　이 책에서 사용된 용어인 '예수따르미', '밥상공동체', '동고주(同苦走)' 등은 이른바 '제도교회'에서는 낯선 말이다. 저자는 기독교의 제도 속에 안주한 교회, 역사적 예수를 교리의 그리스도로 바꾸어버린 현실의 교회들을 비판하면서 이상적인 평신도공동체를 강렬히 추구하고 있다. 실제로 이 책도 공동체에서의 설교를 묶은 것이다. 설교라는 제도적 용어를 피하고 있으므로 증언, 칼럼, 제언, 문학 장르로는 수필이라 할 수 있는 글이다. 저자의 화려한 경력(두 번의 부총리, 세 번의 대학총장, 적십자사 총재 등)을 떠올리면 그가 주장하는 '바보 되기'에 대하여 일종의 괴리감을 느끼게 된다. 그러나 우리 모두 바보가 되어 저자의 진실함과 만날 수 있다면, 종교개혁 오백 년에 달한 이 시점에 자신의 신앙과 한국의 교회를 바로 보게 하는 메시지가 될 것이다.

　　이 글에서 특히 강조하고 있는 것은 승리주의의 탈피이다. 예수님은 로마제국의 승리주의, 곧 "왔노라, 보았노라, 이겼노라(Veni, Vidi, Vici)" 같은 욕망을 선포하신 적이 없다. 십자가 위에서 벌거벗은 채 조롱당하며 "다 이루었다"고 하셨을 뿐이다. 승리주의자들에게 처참한 완패로 보였던 이 일은 영광스러운 부활을 통해 영원한 승리로 바뀌었다. 그것은 인간의 탐욕과 독선의 힘을 성령의 도움으로 이겨내는 '자기 비움(kenosis)'의 힘이었다. 저자는 자신의 좌우명이 '우아하게 지는 것'이라 말한다. 꼴찌가 열등감에 시달릴 필요가 없는 세상을 이루어야 한다는 의지의 우아한 표현이다.

즐거운 꼴찌에 대한 신학적 이론은, 예수님이 세상에 오신 것 자체가 첫째의 꼴찌 되기 사건이라고 한다. 그러나 그리스도의 교회는 4세기 초에 로마의 지배 종교로 올라서면서 예수따르미들이 많은 부분에서 변하게 되었다. 비참한 꼴찌 자리에서 고통을 받다가 첫째의 자리로 오르게 되자 교리로 정착된 예수상만을 숭상하고 이견자들을 억압하게 된 것이다. 결과적으로 교회는 예수의 이름으로 사랑의 예수를 핍박하였다. 저자는 이 대목에서 솟구치는 분노를 숨기지 않는다.

"교회 안에서 예수를 거룩, 거룩하신 만왕의 왕으로 더 높이면서도 교회 밖에서는 지극히 적은 사람들을 더 적은 자로 축소시키는 일에 주저하지 않으며, 이미 열등감으로 부당하게 시달리는 꼴찌들을 더욱 잔인하게 꼴찌 자리에 못 박는 일을 서슴지 않고 강행하는 기독교의 현실을 볼 때마다 저는 또한 전율하고 분노하게 됩니다."

이 시대에 책임 있는 자리에서 한반도 통일을 위한 노력을 기울였던 저자는 '평화 만들기'를 애타게 외친다. 예수 그리스도의 평화를 이해하고 실현할 사명을 자각했기 때문이다. 그 평화는 악순환을 근원적으로 종식시키는 자기 비움의 힘, 곧 사랑 실천에서 나온다고 보았다. 그는 이것을 자아실현의 수준을 뛰어넘은 '자타실현(自他實現)'이라 부르고 있다. 궁극적으로 원수 사랑하기가 자타실현의 정점이며 평화 만들기의 확실한 논리가 됨을 분명히 밝혔다. 그는 우리 역사에 기독교 장로 대통령이 세 분이나 나왔지만 그때마다 오히려 한반도의 평화가 더욱 위태로워졌다면서 냉엄한 비판을 가하고 있다.

한국교회는 어떤 방향으로 개혁해야 할 것인가? 저자는 이미 폐기처분해 버린 예수님의 십자가를 다시 회복시켜 자기를 비우고 사랑과 평화로 채우자고 주장한다. 자기 확장의 탐욕과 승리주의를 버리고, 바보처럼 십자가를 짐으로써 원수를 새로운 존재로 거듭나게 하자는 것이다. 한국교회의 개혁을 위해 기도하고 노력하는 이들에게 생생한 현실감으로 다가오는 '바보' 메시지이다.


한완상(韓完相, 1936~ )은

평신도 열린공동체 새길교회의 신학위원이다. 그는 장로의 직분을 가졌으나 새길교회가 평신도 중심으로 운영하면서 직분을 인정하지 않고 형제, 자매라고 호칭함에 따라 평신도 형제 중 한 사람이 되었으며 교회 신학위원이라는 명칭을 갖고 있다. 평신도들이 돌아가며 말씀 증거, 곧 설교를 하므로 신학위원에게 설교의 기회가 많이 할애될 것이다. 그 교회는 담임목사, 건물, 교파가 없다.

그는 사회학자이자 서울대학교 교수로서 군사정권으로부터 많은 고난을 받았다. 이후 민주화 과정에서 활발한 정치 사회 활동을 펼쳐 두 번의 부총리, 여러 대학교 총장, 적십자사 총재 등을 지냈다. 기득권층을 형성하고 있는 지식인들의 이데올로기를 비판한 『지식인과 허위의식』은 그의 대표적인 저술이다.

한완상은 정치사회학뿐 아니라 유니온신학대학에서 신학을 공부했다. 그의 신학과 신앙은 이 시대의 교회 개혁에 맞추어져 있다. 교회의 물량주의와 배타적 태도를 비판하면서 교회는 확산되는 것이지 확대되는 것이 아니라는 주장을 편다. 교회가 대형화를 추구하면 예수님과의 소통이 사라진다는 소신을 갖고 『서울 예수』, 『깊은 신앙 넓은 신학』, 『저 낮은 곳을 향하여』, 『예수 없는 예수 교회』, 그리고 『바보 예수』(도서출판 삼인, 2012) 등의 저서를 냈다.

# 이어령

## 『생명이 자본이다』

# 신앙을 위한 인문학적 키워드

지난 2012년, WCC(세계교회협의회)는 선교성명서를 발표하고 '함께 생명을 향하여'라는 주제를 채택했다. 이를 통해 많은 그리스도인들은 교회가 생명을 강조하는 까닭이 무엇인지 다시금 깨닫게 되었다. WCC는 이 시대에 생명을 위협하는 것으로 자본주의를 지적하고, 자본주의가 필연적으로 수반하는 개발이나 성장은 생명과 공존할 수 없다고 선언했다. 생명의 선교에 나서기 위해서는 자본주의의 폐해를 방치해선 안 된다는 의지의 반영이었다.

예상했던 대로 보수적인 반론이 나왔다. 생명에 대한 WCC의 개넘은 영적인 것과 거리가 있으며 종교다원주의 같은 요소가 포함되었다는 신학적 비판으로부터 기존의 사회제도나 경제구조가 흔들릴 것을 우려하는 정치적 공격도 뒤따랐다. 그러나 이 선교성명은 생명을 위해 함께 일한다는 것이 곧 성령을 통한 사회정의 실현과 연결되는 것임을 분명히 밝히고 있다. 세상을 향한 하나님의 일이 생명과 상통한다는 차원에서 그 근본정신을 이해해야 할 것이다.

이렇게 생명과 자본주의가 대립하고 있는 상황에서, 한국의 지성을 대표하는 작가 이어령이 '생명자본주의(Vita capitalism)'를 제창하고 나섰다. 그는 자본주의의 문제점을 들추어내면서도 그 자체를 부정하지 않았다. 대신, 무엇인가를 죽여서 얻거나 누구의 것을 빼앗아 얻는 것으로 여겨 왔던 자본을 이제 우리에게 도움 주는 것으로 바꾸어 새 시대의 패러다임을 만들어야 한다고 주장한다. 그래서 '생명'을 키워드로 삼고 그에 관한 생각들을 모아 『생명이 자본이다』라는 저작을 내기에 이르렀다.

그는 50년 전, 얼음 속에 박힌 금붕어를 살려낸 경험을 이 시대의 생명권 전체에 적용하면서 새로운 키워드를 탄생시킨다. 돈과 물질로 이루어진 자본주의를 생명과 사랑의 자본주의로 바꾸는 미래적 변화 작업을 시도한 것이다. 물리학의 모든 법칙은 죽음으로 향하지만 생명에는 그것과 정반대의 요소가 있다는 믿음이 이 작업을 가능하게 만들었다. 그의 생명론 가운데 한 구절을 소개한다.

"이 지구는 벌써 식어서 죽었어야 했을 텐데 점점 생명이 불어간다. 그런데도 사람들은 낙하하는 사과만 보았지 계속해서 사과 씨에 싹이 움트는 것을 보지 못했다. 물고기들에게는 역류하는 성질이 있다. 죽은 고기는 물과 함께 떠내려가지만 등용문의 고사처럼 잉어는 급류를 타고 용문을 넘어간다. 생명은 이렇게 거슬러 오르려는 역엔트로피의 힘을 가지고 있다. 이러한 우연성과 도전성을 함유한 것이 곧 생명의 법칙, 사랑의 본성이다. 바람과 물의 힘, 중력의 힘을 이용한 다음에 언젠가는 우리가 사랑의 힘을 이용할 때가 올 것이다. 그날은 우리 인류가 세계사에서 두 번째로 불을 발명하는 날이 될 것이다."

인류의 현대사는 자본주의 체제 아래 산업자본이나 금융자본 중심 사회로 나아가게 되면서 인간 가치의 상실이라는 결과를 불러왔다. 이 시점에서 저자는 물질자본 시대를 끝내고 생명과 사랑에 바탕을 두는 새 시대의 키워드를 '생명자본주의'라 명명했다. 그러면서 80대 고령의 저자는 이것이 '생각의 시작' 단계라고 하여 마르지 않는 집필 의욕을 과시한다.

솔직히 말한다면, 필자는 글쓰기 공부를 시작할 때 이어령의 냉철한 비평론에 반했고 그 화려한 수사를 흉내 내고 싶어 안달이 났었다. 문학의 사회 참여와 저항적 기능을 내 가슴에 새긴 것도 그의 영향이 컸다. 그러나 그의 글이 형식상 풍요를 더할수록 상대적으로 자기희생은 결핍된 것 같아, 나는 그만 공허해졌고 차차 마음에서 멀어지고 말았다. 그러던 어느 날 나는, 그분이 지성의 한계를 인식하고 그리스도를 찾아와 "좀 더 가까이 가도 되겠습니까?" 하고 간절히 물었다는 소식을 들었다. 필자는 그의 참회론적인 글 『지성에서 영성으로』를 통해 신앙의 감동을 새로이 경험하게 되었다.

저자의 '생명자본주의'는 자연자본, 문화자본 등의 이론을 동반한 인문사회적 입장을 표방하였지만 그 생각의 바탕은 신앙에 있음을 알 수 있다. 저자는 금붕어의 죽음과 매장의 기억을 떠올리며 생명을 땅에 묻는 것이 죽음의 망각과 생명애, 그리고 사랑하는 사람과의 화해임을 밝혔다. 『생명이 자본이다』는 신앙의 기본 주제인 생명을 인문학적 방식으로 풀어내며, 생명에 대한 사람의 생각 모두를 따뜻하게 끌어안고 있다.

### 이어령(李御寧, 1934~ )은

교육자, 문인, 문화부장관을 역임한 지성인이다. 그에게는 최고의 지성이라는 수식어가 늘 함께할 정도로 합리적 이성에 기반을 둔 지식이 넘쳐난다. 일찍이 그는 종교를 문화의 일부분으로 인식하고 있었으므로 기독교에 대한 비판과 독설도 서슴지 않았다. 그러나 2007년, 일흔을 넘긴 나이에 세례를 받고 기독교인이 되었다.

그의 비판적 지성에 변화를 일으키게 한 동기는 장녀 이민아 목사였다. 가정의 환난 속에서 신앙을 갖게 된 그녀는 법조인의 생활을 접고 목사 안수를 받은 후 세계의 오지를 찾아 청소년 사역에 헌신했다. 그러나 차츰 시력을 잃고 실명해 가며 중한 병고에 시달리는 딸을 바라보던 부친 이어령은 "민아가 어제 본 것을 내일 볼 수 있고, 오늘 본 내 얼굴을 내일 또 볼 수만 있게 해 주신다면, 저의 남은 생을 주님께 바치겠나이다"고 기도했다고 한다. 그 기도에 따라 그는 마침내 영성의 사람이 되었다.

평론집 『저항의 문학』이나 수필집 『흙 속에 저 바람 속에』, 『축소지향의 일본인』 등은 이미 널리 알려진 저서들이다. 문학과 언론에서 디지털 문명에 이르기까지 그의 해박한 이론은 각계의 주목을 받아 왔다. 이제부터 그의 참회록 겸 신앙 간증과도 같은 글 『지성에서 영성으로』, 『빵만으로는 살 수 없다』, 『소설로 떠나는 영성 순례』 들은 새로운 의미에서 더 큰 주목의 대상이 될 것이며, 믿음을 바탕으로 삼아 생명에 대한 사랑과 이해를 제창한 『생명이 자본이다』(마로니에북스, 2014)도 신앙과 인문학의 조화라는 점에서 특별한 관심을 불러올 것으로 보인다.

송
우
혜

『윤동주 평전』

## 시와 애국과 신앙의 기록

평전이란 한 개인의 일생을 역사적으로 기술하면서 논평을 가하는 글이다. 28년의 짧은 생애를 살았던 민족시인 윤동주(1917~1945)에 대한 여러 논평과 전기들은 세월이 흐를수록 그 깊이가 더해지고 있다. 완결판은커녕 더 보완된 평전이 계속 나와야 할 만큼 시인의 일생은 심오하다. 그의 삶을 한 겹 두 겹 들추면 그가 남긴 시에 대한 새로운 해석이 생겨나고, 사회적 변화에 따라 지금껏 묻혀 있던 비화들이 비로소 햇빛을 보게 된다. 윤동주의 시와 애국심과 신앙정신은 그 고결하고도 진지한 힘 때문에 애초부터 쉽사리 완결될 일이 아니었다.

이 『윤동주 평전』 쓰기에 거의 반생을 바친 저술가가 있다. 신학과 사학을 공부하고 소설작가로서 활동한 송우혜는 1988년에 『윤동주 평전』 초간본을 냈고, 이어 3차에 걸쳐 개정판을 출간했다. 2014년에 이루어진 제3차 개정판이 평전의 완결이 되는지 알 수 없지만, 초간본의 취재 집필 기간까지 합하여 무려 30년에 걸친 작업에 매진해 온 저자의 노력은 큰 감동을 불러온다.

윤동주는 북간도 땅 명동촌에서 태어났다. 일본에 나라를 빼앗기고 두만강 너머로 이주해 온 조상들의 애국정신과, 그 정신의 바탕이 된 예수 그리스도에 대한 신앙을 가슴에 새기며 자랐다. 그는 고통스러운 현실과 신앙적 고뇌를 서정성으로 승화시킨 시를 썼다. 우리말과 글이 일제에 의해 빼앗겨 사라져가던 그 시대에 우리 문학사에 최고의 절창으로 길이 남을 시를 탄생시킨 것이다.

죽는 날까지 하늘을 우러러
한 점 부끄럼이 없기를
잎새에 이는 바람에도 나는 괴로워했다
별을 노래하는 마음으로
모든 죽어가는 것을 사랑해야지
그리고 나한테 주어진 길을
걸어가야겠다

오늘밤에도 별이 바람에 스치운다

〈서시〉

연희전문학교 4학년 때인 1941년 11월 20일, 윤동주는 자신의 시를 묶은 시집을 출간하기 위해 일일이 원고지에 베껴 쓴 필사본을 만들고 거기에 『하늘과 바람과 별과 시』라는 제목을 붙였다. 그 첫머리에 두기 위해 쓴 〈서시〉는 우리 겨레가 가장 사랑하는 시가 되었고 윤동주를 최고의 시인으로 만든 계기가 되었다. 평전의 저자는 이 시를 이렇게 평가했다.

"사람의 생이 갖는 무게, 그 생이 내포한 진실의 무게가 이처럼 청결하고 깊이 있게 드러난 예는 아주 희귀하다. 이 시에 이르러서 우리는 '참으로 우리에게 한 시인이 있다!'고 외칠 수 있게 되었다."

이어서 저자는 윤동주의 애국심과 저항성의 실체를 파악하는 데 주력했다. 세간에는 윤동주가 성격이 온순하고 소극적인 일본 유학생이었으나 일제의 과잉단속에 걸려 불우하게 옥사했다는 평가가 있다. 저자는 평전에서 송몽규의 존재와 결부시켜 이를 바로잡으려 했다. 송몽규는 동주의 고종사촌이며 마치 분신처럼 서로 영향을 주고받으며 삶을 함께한 형제였다. 몽규는 일찍 신춘문예에 당선되어 동주보다 문학적 능력을 먼저 인정받았으며, 중국에 들어가 임시정부 무관학교에서 군사훈련을 받는 등 행동적 독립투사의 길을 걸었다. 두 사람은 일본 경도에 유학 중이던 1943년 7월에 함께 체포당하고 재판을 받은 후 조국 광복을 약 6개월 앞두고 복강형무소에서 나란히 옥사했다. 저자는 윤동주에 대한 일본 경찰의 기록과 재판소의 판결문을 입수하여 그가 송몽규와 더불어 독립 달성을 위해 궐기해야 한다는 뜻을 모은 것, 일찍이 치열한 민족의식을 품고 일반 대중의 문화 양양 및 조선 독립을 실현하려 한 것 등 일본 정부의 입장에서 볼 때 이른바 국체를 변혁할 것을 목적으로 하여 그 수행을 위한 행위를 했다고 판단한 증거를 밝혀냈다. 윤동주는 일제에 의해 사상범으로 지목되어 혹독한 수형생활을 했던 것이다.

끝내 동주와 몽규는 같은 형무소에서 한창 나이에 의문의 죽음을 맞고 말았다. 저자는 그들이 생체실험을 당한 것이라는 강력한 추정을 내놓고 있다. 송몽규를 면회했던 친척의 증언과 복강형무소의 연도별 사망자 통계 등이 추정을 뒷받침한다. 저자는 그의 저항적 죽음을 시인의 진실성과 결부시켜 다음과 같이 애도하였다.

"일본의 감옥에서 일본인들의 생체실험의 대상이 되어 죽은 그 젊은 죽음! 그 처절하고도 짧은 생애…, 그리고 그를 죽인 일본인들 또한 우리 인류의 같은 구성원임을 생각할 때, 그의 시가 지닌 '진실성'은 더욱 아프게 우리 마음을 두드린다."

윤동주의 시심과 애국심은 그의 순결한 신앙에서 비롯되었다. 그는 기독교 가정에서 나고 자랐으며 기독교 학교에 다니면서 신앙을 키웠다. 희생과 고난을 감수하려는 그의 휴머니티는 시, 애국심, 신앙과 융합되었다. 윤동주의 거의 모든 시는 진솔하고 경건한 기독교적 언어로 성경에 배경을 두고 쓰였다. 태초와 종말, 부활의 새벽과 십자가 밑에서의 순명을 다짐하는 것이 그의 삶이요, 신앙이었다. 윤동주는 자신의 삶을 〈십자가〉라는 시로 이렇게 형상화했다.

쫓아오던 햇빛인데
지금 교회당 꼭대기
십자가에 걸리었습니다

첨탑이 저렇게도 높은데
어떻게 올라갈 수 있을까요

종소리도 들려오지 않는데
휘파람이나 불며 서성거리다가

괴로웠던 사나이
행복한 예수 그리스도에게
처럼
십자가가 허락된다면

모가지를 드리우고
꽃처럼 피어나는 피를
어두워가는 하늘 밑에
조용히 흘리겠습니다

**송우혜(宋友惠, 1947~ )는**

소설가이며 신학자, 역사학자로 활동하고 있다. 간호사로 출발했
다가 한국신학대학교에 진학하여 신학을 공부했으며 이후 역사학을 전

공, 박사학위를 받았다. 특히 독립운동사 연구자로서 많은 업적을 쌓았는데 그녀의 조상들이 북간도에서 독립운동을 한 것이 계기가 되었다. 근본적으로 신앙의 가정 출신이다.

필생의 역저인 『윤동주 평전』도 가족사가 동기로 작용했다. 윤동주의 분신이라 할 수 있는 고종사촌 송몽규가 작가의 백부로 알려져 있다. 『윤동주 평전』은 1988년에 처음 상재되었고 여러 차례 개정을 거듭하여 3차 개정판 『윤동주 평전』(서정시학, 2014)이 발행되었다. 윤동주 시인에 관해 가장 분석적이고 자료에 바탕을 둔 정확한 평전으로 인정받고 있다.

또 하나의 평전으로 송창근 목사의 일대기를 다룬 전기 『벽도 밀면 문이 된다』가 있다. 작가는 〈성 야곱의 싸움〉으로 등단하여 소설집 『남도행』, 『저울과 칼』, 『하얀 새』 등을 냈고, 영친왕과 조선의 마지막 황실의 가족사를 다룬 『마지막 황태자』(1~4권)를 썼다. 역사적 사실 위주의 다큐소설이다.

# 이
# 혜
# 성

『문학상담』

# 자신의 언어로 존재 의미 찾아내기

나와 대화를 나눈 사람이 그것을 계기로 삶의 가치를 찾을 수 있게 된다면 이보다 더한 보람이 어디 있을까. 필자는 상담의 시간을 가질 때마다 이런 생각을 하지 않은 적이 없다. 그러나 대학에서 학생들을 가르치는 나에게 상담이란 주로 취업과 진로 모색 위주의 의무적 행위로 변질되고 있었다. 필자가 신학교 재학 시절에 정말 열심히 공부했던 목회상담은 위기에 처한 사람이 그 상황을 극복하고 치유될 수 있도록 목회자의 입장에서 신앙적 도움을 주는 것이었다. 이에 익숙해진 상담자로서의 나의 자세는 학생들의 실용적 요구와 동떨어진 경우가 많았다.

비단 대학생들뿐 아니라 일반 사람들을 대상으로 한 상담에서도 필자는 적절한 방법을 찾지 못해 마냥 허덕였다. 삶의 본질보다 당면한 문제에만 관심을 가진 내담자라면 인간 가치를 강조하는 나에게 거리감을 느꼈을 수 있다. 그러다 보면 어느새 상담자에서 강의자로 바뀐 내 모습과 나의 훈시(?)를 묵묵히 듣고 있는 내담자의 모습을 동시에 발견하고 서둘러 상담을 끝낸 적도 없지 않다. 문학을 가르치는 나와 내담자들 사이에 꼭 필요한 인간 중심, 그리고 성장 목표를 채울 상담 방법이 무엇일까 고심할 수밖에 없었다.

이때 만나게 된 것이 한국상담대학원대학교 총장 이혜성 박사의 저서 『문학상담』이다. 이 책은 문학작품 속에 상담에서 이루고자 하는 목표가 있다는 것을 전제로 한다. 그리고 문학적인 표현과 통찰력으로 인간의 실존문제를 탐색해 나가는 과정을 제시한다. 그 결과, 언어를 통한 미적 체험이 상담자와 내담자 안에서 함께 일어날 수 있는 가능성을 보여준다. 문학상담은 문학적 언어를 기본으로 하고, 이에 대해 적절한 문학작품을 활용하는 방법이다. 저자는 문학상담의 성격을 이렇게 설명하고 있다.

"문학상담의 주어는 문학이 아니라 상담이라는 사실이다. 문학상담은 문학비평이 아니며, 문학상담자는 문학 전문가가 아니라 상담 전문가이다. 문학상담의 목표는 문학작품을 활용하거나 언어활동, 즉 말하기, 읽기, 쓰기로 진행되는 과정을 통하여 내담자가 자신이 잊고 있었던 자신의 참자아를 찾고, 아울러 자신이 잃어버렸던 자신의 언어를 찾도록 도와주는 데에 있다. 문학상담은 인간이 자신 안에 내재되어 있는 잠재능력을 개발하여 숨어 있던 자신을 찾는 일이며 자신의 언어를 되찾는 과정이다."

그러므로 문학상담은 문학작품을 정교하게 쓰거나 비평하는 것이
아니다. 문학작품 속에는 삶의 문제들을 풀어나가는 과정이 흥미 있는 이
야기로 구성되어 있기 때문에 그것을 활용하여 자기서사(self-narrative)를
재발견할 수 있고 말하기, 듣기, 읽기, 쓰기 등의 언어활동으로 자기를 표
현할 수 있게 된다는 것이다. 필자는 이러한 문학상담의 이론을 처음 대면
하면서 내 자신이 잃어버리고 있었던 스스로의 언어와 본성을 찾는 경험
을 하게 되었다. 저자의 표현에 따르면 인문적 자기성찰을 내면화하는 훈
련의 필요성을 깨닫게 되었다고 하겠다.

　　때마침 나는 지금까지 한 번도 경험하지 못했던 문제 앞에서 심
각한 상담의 딜레마에 빠져 있었다. 내담자는 2015년 7월 하순에 참척의
슬픔을 당한 사람이었다. 그는 필자가 재직 중인 대학의 직원인데 아들이
갑자기 세상을 떠나고 만 것이다. 27살 건강했던 청년의 갑작스런 죽음을
어떻게 받아들일 수 있었겠는가! 아버지는 삶의 모든 것을 접고 주저앉
아 버렸다. 나는 장례식 후 15일째 되던 날, 아직도 아들의 이름만을 되뇌
고 있는 아버지와 마주앉았다. 박완서 작가의 참척 일기 『한 말씀만 하소
서』로 이야기를 시작했다. 젊은 의사 아들을 잃은 어머니가 그 이유와 고
통의 근원에 대해 하나님께 질문하는 글이다. 한 말씀만 듣겠다는 것이
다. 작가는 말씀이 없으신 하나님을 향해 분노 섞인 독설을 퍼붓는다. 그
러다가 오랜 과정을 통해 왜 내 아들에게 이런 일이 일어났는가 하는 데
서, 내 아들이라 하여 고통 받지 말라는 이유가 없다는 사고의 전환을 이
루게 된다. 그 이야기만 들려주고 나는 일어섰다. 상담을 어떻게 이어가야

할지 막막했기 때문이다.

그로부터 며칠 뒤, 나는 이혜성 박사의 저서 『문학상담』(시그마프레스, 2015)을 손에 들게 되었다. 같은 교회 교우로서 내게 늘 기도와 격려를 주시던 저자가 신간 저서를 보내온 것이다. 이 책을 통해 나는 내담자가 자기서사로 글을 읽고 인생의 의미와 실존문제를 깨닫게 될 전기를 마련하는 방법을 알게 되었다. 이제부터 나는 내담자와 함께 읽고 쓰고 말하고 생각할 것이다. 슬픔에 빠진 그 직원과도 언어를 통한 존재 의미를 함께 찾아볼 작정이다. 이러한 문학상담은 자기성찰의 과정을 겪는 모든 사람에게 유용한 방식으로 활용될 것이며, 향후 인문상담의 한 축을 담당해 나갈 것이라 확신한다. 그리고 이 책에서 저자는 77년의 일생을 감동적인 자기서사로 엮어 문학상담의 실제적 모델로 제시해 주었다. 사랑과 믿음으로 점철된 저자의 삶은 그 자체로 상담의 모형이 되고 있다.

### 이혜성(李惠星, 1939~ )은

한국상담대학원대학교 총장이며 동안교회의 명예권사이다. 상담이란 괴로운 영혼을 붙들고 그와 동행하는 것이며 인간 회복을 위한 일이라는 신앙적 인식을 갖고 있다. 미국 버지니아대학교에서 박사학위를 받고 이화여자대학교 교수를 역임한 상담 이론의 권위자이다.

국문학을 거쳐 상담학을 연구한 학자답게 많은 저서를 냈고 그 내용 가운데 인문학적 성찰의 중요성을 강조한다. 『여성상담』, 『삶 사랑 상담』, 『문학상담』 등의 연구서를 비롯하여 수필집 『사랑하자 그러므로 사랑하자』, 『아름다움은 영원한 기쁨이어라』, 그리고 미국의 유명한 정신과 의사이며 심리소설 작가인 어빈 얄롬(I. D. Yalom)의 『보다 냉정하게 보다 용기 있게』,『쇼펜하우어, 집단심리치료』,『삶과 죽음 사이에 서서』 등을 번역하였다.

　　총장으로서 상담학을 직접 강의하고 학생들과 소통하는 교육자로 널리 알려졌다. '지음(知音) 서신'이라는 이메일이 소통 도구의 하나인데 '지음'은 저자의 아호이다. 인간에 대한 이해와 사랑, 관심을 최고의 목표로 삼고 있는 저자가 신앙적 소통을 바탕으로 한 이론과 실제를 어떻게 묶어낼 것인가에 관심이 쏠리고 있다.

# 신

# 영

# 복

## 『담론』

## 인간학 교실에서의 마지막 강의

신영복의 저서 『담론』은 '신영복의 마지막 강의'라는 부제가 말해 주듯 그의 강의 녹취록을 토대로 재구성한 것이다. 학문적 높이와 인간적 깊이가 조화를 이룬 강의록이다. 성공회대학교에서 했던 강의이므로 기독교적 내용이 중심을 이루고 있을 것으로 기대한다면 과녁을 벗어난 생각이다. 저자의 입장은 신을 개념적으로 이해하고, 그 개념의 필요성을 인정하는 데 머물고 있다.

그의 글이나 사색의 방향은 이미 세상에 널리 알려졌다. 그 가운데 인간에 대한 사고 속에서 신앙적 근거를 발견할 수 있다는 지적도 나와 있기는 하다. 주지하는 바와 같이 저자는 젊은 날에 통일혁명당 사건으로 20년을 복역했던 과거가 있다. 감옥에서부터 시작된 그의 깊은 사색은 모든 사상을 초월하여 인간론 탐구와 그것에 관련된 강의로 지식인들에게 큰 반향을 불러일으켰다. 그러다가 건강에 이상이 생기자 더 이상 강의를 하지 못하게 될 것을 깨닫고 대신 책을 내놓기로 했다. 그것이 『담론』이라는 마지막 저술이다.

이 책은 '고전'과 '인간'이라는 두 주제를 담고 있다. 동양고전을 통해 세계를 인식하는 방법, 그리고 만남을 통한 인간 이해와 자기성찰에 관해 이야기한다. 이 두 주제는 각각 분리된 것이 아니다. '관계'를 강의의 중심 개념으로 삼아 나와 세계, 아픔과 기쁨, 사실과 진실, 이상과 현실, 이론과 실천, 자기 개조와 연대, 그리고 변화와 창조를 연결시키고 있다.

저자는 길었던 수형 생활을 '인간학'의 교실이라고 말한다. 그 기간 동안 여러 사람들을 만났고 인간에 대한 성찰을 할 수 있었던 까닭이다. 그 결과 자기 변화란 최종적으로 인간관계를 통해 완성되는 것임을 깨닫게 되었다. 기술을 익히거나 언어와 사고를 바꾼다고 해서 변화되는 것이 아니고, 자기가 맺고 있는 인간관계가 바뀜으로써 변화가 완성된다는 것이다. 그러고 보니 동양고전의 모든 것은 대비의 관계망을 형성하고 있다. 예컨대 주역은 음과 양, 노자는 무와 유, 묵자는 겸과 별 등이다. 이들은 모두 '관계론'의 형태이다. 이 대비를 대립이 아닌 보완관계로 읽어야 한다는 것이 저자의 주장이다.

역사적 격동기에 지식인으로서 고난을 겪은 저자는 그 누구보다도 변화를 위한 인간관계 문제에 집중할 수밖에 없었다. 그는 관념성을 척결하고, 뜨거운 현실성을 획득하기 위한 자기 변혁 노력을 스스로 밝힌 바

있다. 지금 그의 관념은 다음과 같이 완숙한 변화로 우리에게 다가온다.

"우리는 생각이 머리에서 이루어진다고 믿습니다. 전두엽의 변연
계에서 형성되는 이미지를 생각이라고 한다면 그렇습니다. 그러
나 생각은 잊지 못하는 마음입니다. 어머니가 떠나간 자녀를 잊
지 못하는 마음이 생각입니다. 생각은 가슴이 합니다. 생각은 가
슴으로 그것을 포용하는 것이며, 관점을 달리한다면 내가 거기에
참여하는 것입니다. 생각은 가슴 두근거리는 용기입니다. 공부는
머리에서 가슴으로 가는 애정과 공감입니다."

저자는 가슴으로 생각하는 사람들에 의해 세상이 조금씩 변화해
왔다고 여긴다. 그가 동양고전을 강의하며 소개한 역사적 인물들이라든지
인간학 교실에서 마음을 나눈 현재의 사람들 모두가 변화의 자리에 있는
참여자들이다. 그들은 대부분 세상에 자기를 잘 맞추는 지혜가 없었고 도
리어 세상을 사람에게 맞추려 들기도 했다. 그러나 결과는 역설적으로 그
우직함이 세상을 변화시킨 것으로 나타났다. 저자의 담론은 우리 가슴의
공감을 삶 속에서 실현하자는 데서 정점을 이룬다.

필자도 정년퇴임을 앞두고 마지막 강의 준비에 들어가려 한다. 회
고컨대『담론』의 저자 같은 유형의 고난은 아니었지만 나 역시 긴 해직 생
활을 거쳐 최근까지도 법정에 서야 하는 등 힘든 삶의 길을 거쳐 왔다. 그
과정에서 정립한 내 강의의 주제 역시 '인간화'였다. 신영복 교수와는 달리
창조주의 모형을 모델로 한 신앙적 바탕 위에서, 대중사회가 빚어내는 인
간성 상실의 경향인 '비인간화'를 극복하는 일이 인문학의 참다운 정체성

이라 생각하며 강의를 해 오고 있었다. 그런데 『담론』을 읽고 난 지금, 나는 관계론의 중요성을 새삼 깨닫고 이를 보충하기 위해 마지막 노력을 기울여야 할 것 같다. 역시 공부는 끝이 없는 것임을 실감하면서.

### 신영복(申榮福, 1941~2016)은

성공회대학교 교수로서 사상가, 저술가이다. 통일혁명당사건으로 20년 20일 동안을 감옥에서 보내고 1988년 출소하였다. 그 후 10년 만에 사면 복권되어 성공회대학교에서 경제학, 한국사상, 동양고전 등을 강의했다. 수감생활 중에 익힌 서예 실력으로 훗날 '신영복체'로 불린 독특한 서체를 이루어내기도 했다.

저서 『감옥으로부터의 사색』은 옥중 생활 속에 어린 저자의 고통과 성찰을 그려내어 시대의 거울이 된 명저로 꼽힌다. 이어 『엽서』, 『나무야 나무야』, 『강의-나의 동양고전 독법』, 『처음처럼 : 신영복 서화 에세이』 등을 냈고 많은 번역서도 출간했다. 문학적 정감과 사상적 깊이가 조화된 글을 써서 2015년 만해문예대상을 수상하기도 했다. 희귀 피부암으로 별세하기 전 『담론』(돌베개, 2015)으로 저술의 마지막을 장식하였다.

그는 기독교와 불교를 함께 다루며 두 종교가 추구하는 바를 글로써 모색하기도 했고, 전통적인 유학사상에 상당한 관심을 보여주었지만 어떤 종교도 갖지 않은 비신앙인이었다. 그럼에도 불구하고 세간에서 좌파로 인식되던 그를 당시의 작은 신학교인 성공회대학교가 교수로 맞아들였다. 신학과 사회 양면에서 자유로운 분위기를 보이고 있던 성공회대학교는 신영복 교수에게 교인이 되라는 조건도 전혀 달지 않았다. 이에 그는 학교와 인간적으로 교감하면서 기독교에 마음을 열었던 것으로 보인다.

# 한병철

## 『투명사회』

## 그것은 새로운 통제사회인가

2014년에 발표된 우리나라의 부패인식지수(CPI)는 100점 만점에 55점이었다. 이 점수는 대중이 공무원이나 정치인에 대해 느끼는 청렴도를 수치화한 것으로서 국가의 투명성을 가늠할 수 있는 자료가 된다. 덴마크와 뉴질랜드가 90점을 넘어 각각 1, 2위를 차지했고, 아시아 국가로는 싱가포르가 84점을 받아 가장 높은 7위를 기록했다. 우리나라의 순위는 전체 43위였지만, OECD 34개 국가 가운데서는 하위권에 속한 27위인 것으로 나타났다. 이는 독일의 비정부 국제기구인 '국제투명성기구(TI)'의 사업으로서 부패 척결에 기여한다는 평가를 받고 있다.

투명하다는 것은 청렴과 반부패로 상징되는 고도한 사회적 가치임에 틀림없다. 우리나라는 이 가치의 상승을 위해 더욱 강력한 투명성을 요구해 갈 것이며 그에 따른 여러 장치를 마련할 것으로 예상된다. 그러나 투명성에 대한 과도한 집착이 오히려 사람들 사이에 불신과 저항을 가져오게 한다는 목소리가 있다.

"투명성은 타자와 이질적인 것을 제거함으로써 시스템을 안정시키고 가속화한다. 이러한 시스템의 강제로 투명사회는 곧 획일적 사회가 된다. 바로 이 점에 투명사회의 전체주의적 특성이 있다. '획일화를 표현하는 새 단어: 투명성.'"

이 주장의 발원지는 뜻밖에도 투명성에 높은 가치를 부여해 온 독일 사회이며, 그 목소리의 주인공은 베를린 예술대학 교수로 재직 중인 한국인 학자 한병철 교수이다. 한 교수는 철학, 문학, 신학을 폭넓게 연구했고 그가 쓴『피로사회』가 독일에서 큰 반응을 얻으면서 세계적 문화비평가의 대열에 올랐다. 2014년에 한국어로 번역 출판된『투명사회』는 전작『피로사회』와 연결성을 갖고 있으면서도 사회적 충격파가 더 강렬히 나타나고 있다. 국가 투명성에 콤플렉스를 가진 한국 사회에는 이미 논란의 불씨를 제공한 상태다.

『피로사회』는 현대인들의 성과주의에 대한 비판을 내세운 책이었다. 근대규율사회에서는 국가와 자본이 일을 하도록 명령했지만, 포스트모던시대는 강제가 아닌 유혹으로써 사람들에게 성공의 신기루를 자극하고 있다고 했다. "넌 할 수 있어. 그래야만 우아하고 행복한 삶을 살게 되지 않겠니?" 성과주의라는 현장에 내몰린 사람들은 이러한 유혹 앞에 피로할 수밖에 없었다. 그리고 이제 『투명사회』에서는 자신을 자발적으로 전시하며 '디지털 통제사회'를 만들고 있다고 한다.

저자의 『투명사회』는 한마디로 만인이 만인을 감시하는 새로운 통제사회라고 정의한다. 어떤 사람이든 자기가 한 모든 클릭은 저장되고, 자기가 디딘 모든 발걸음은 역추적될 수 있다. 그래서 인간을 절대 비밀이 없는 존재로 만들어 버리는 것이다. 저자는 디지털 문명에 대해 매우 부정적 인식을 갖고 있다. 그 사회는 마치 감시자가 중앙통제탑에서 내다보고 있는 디지털 파놉티콘(원형감옥)에 갇힌 모습과 같다고 하였다.

투명성이 통제를 가져온다는 사회적 비판을 우리 그리스도인들은 어떻게 받아들여야 할까? 저자는 만약 모든 것을 볼 수 있는 사회가 있다면 그곳은 천국인가, 지옥인가 하고 묻는다. 낯선 것, 모호한 것, 이질적인 것들이 투명성이라는 이름으로 해체되어 버릴 때 인간에게는 꿈도 상상도 사라진다. 보이지 않기에 꿈과 상상이 생겨났던 것이므로. 그렇다면 투명사회는 천국과 거리가 멀다는 결론이 된다. 투명이 신뢰를 만드는 것이 아니라 신뢰가 없어서 사람들은 투명을 요구하게 되었기 때문이다. 곧 불신이 투명을 불러오고 있다는 말이다.

저자는 말한다. "인간의 영혼은 분명 타자의 시선을 받지 않은 채 자기 혼자 있을 수 있는 공간을 필요로 한다. 불투과성은 영혼의 본질에 속한다. 영혼의 내부를 훤히 비춘다면, 영혼은 불타버릴 것이며 특별한 종류의 소진 상태에 빠지고 말 것이다." 그러면서 그는 메시아의 왕국에 관한 우화를 언급하고 다음과 같은 확신을 내보인다. "신성한 것은 투명하지 않다. 오히려 신성한 것은 비밀스러운 흐릿함을 특징으로 한다. 도래할 평화의 왕국은 투명사회가 아닐 것이다. 투명성은 평화의 상태가 아니다."

우리 그리스도인들은 저자의 말을 오해하지 않을 것이다. 하나님의 나라는 무엇인가 흐릿하고 불투명하다는 뜻이 아니라 투명성에 관한 요구가 필요 없는 왕국이라는 의미로 이해해야 한다. 그리스도인은 처음부터 신뢰와 사랑을 기반으로 상호관계를 이루고 믿음의 사회를 구축하려는 의지를 갖고 있다. 따라서 투명성과 그에 따른 통제를 초월한다. 국제투명성기구의 투명도지수 역시 그리스도인에게는 이미 초월해 버린 문제에 불과하다.

**한병철**(Byung-chul Han, 1959~ )은

한국 출신의 독일 저술가이다. 한국에서 공학, 독일에서 문학과 철학, 그리고 천주교 신학을 공부하였으며 현재 베를린 예술대학교에서 문화학 교수로 재직 중이다. 하이데거와 데리다를 주로 연구하면서 동양적 사유를 근거로 삼아 죽음과 폭력을 극복하려는 의도를 보여주었다. 그는 신학을 연구하였지만 자신의 신앙적 삶에 관한 것은 거의 밝히지 않았다. 따라서 저자의 글을 통해 그가 인간성 회복을 위한 행로의 끝이 종교라는 신념을 갖고 있으며 그 종교가 기독교임을 짐작할 수 있을 뿐이다.

『권력이란 무엇인가』, 『죽음의 종류-죽음에 대한 철학적 연구』, 『시간의 향기』, 『폭력의 위상학』 등의 저서가 그의 탐구 방향을 잘 알려주고 있다. 세간에 가장 반향이 컸던 저술은 2010년에 나온 『피로사회』라 할 것이다. 현대사회에 대한 비판을 담은 이 저서는 한국 사회의 현실과 오버랩되면서 『투명사회』(김태환 옮김, 문학과지성사, 2014)로 이어졌다. 또한 타자의 구원을 주제로 한 『아름다움의 구원』이 그 뒤를 받치고 있다.

저자가 한국의 기독교문학에 직접적 도움을 줄 가능성은 그리 높지 않다. 그는 한국과 독일, 나아가 인류의 사회적 문제를 발견하고 치유하는 데 전적인 관심을 쏟고 있다. 그러나 사색하는 삶, 하나 되는 것, 지금과는 다른 시간을 창조하는 일을 강조하는 그의 문화학적 저술은 기독교 신앙이 추구하는 목적과 동질성을 갖는다. 한국의 기독교문학과도 이런 관계성을 통해 생명 존중의 가치를 공유할 지점이 마련되기를 바란다. 그는 이렇게 말했다. "인간은 기술의 힘으로 불멸을 얻을 수도 있다. 그러나 그것을 위해 우리는 생명을 잃게 될 것이다."

# 조현

## 『울림』

# 가슴을 울리는 영성가들의 삶

한국교회는 짧은 시간에 매우 급격한 변화 과정을 겪어 왔다. 유·불·선 사상에 기반을 둔 한국의 전통적 보수사회 속으로 불과 한 세기 전에 뛰어들어온 기독교는 새롭고도 밝은 빛을 발산하며 경이로운 성장을 시작했다. 그러다가 예수 그리스도의 섬김과 사랑의 정신이 약화되고 물질주의, 성장주의, 배타주의 같은 세속적 요소들이 표면화됨에 따라 위기 국면에 처하게 되었다. 무엇이 한국교회에 이런 거대한 풍파를 몰아가고 있는 것일까?

'영성(spirituality)'이 그 대답이라고 할 수 있다. 영성은 경건함과 거룩함을 바탕으로 한 인간의 정신적 속성으로서 예수 그리스도를 닮아가는 삶의 과정과 연결된다. 기독교가 한국에 전파되던 시기에 이 땅의 지식인들은 일단 새로운 종교에 대해 냉철하게 판단했다. 그리고 확신이 생기자 그들은 주저하지 않고 하나님의 뜻을 한국 땅에 펼치는 선지자가 되었다. 그들은 신학에 앞서 신앙인으로서 어떻게 살아가야 할 것인가 하는 섬김의 도에 감명 받아 그것을 몸소 실천하려 노력하였다. 거기서 발휘된 영성이 초기 한국 기독교의 힘이 되었고, 수많은 영성가들이 탄생하여 한국교회에 든든한 재목이 되었다. 지금 한국교회가 힘을 잃은 것은 그 시대의 영성과 영성가들을 다시 만날 수 없다는 데 있다.

조현의 저서 『울림』은 한국의 기독교 영성가들을 찾아 복원시키려는 의도를 갖고 출판되었다. 종교전문기자로 활동하는 저자는 우선 자신의 집필 목적에 따라 '이 땅의 숨은 영성가'를 찾아내기 위해 자료 찾기에 나섰다고 한다. 저자가 제기한 문제는 다음 세 가지로 요약된다.

"어떻게 동아시아 나라 중에서 우리나라에만 유일하게 기독교가 착근할 수 있었을까? 근대 한국을 변화시켰던 주목할 만한 '창조적 소수들'이 조상 대대로 전해온 수천 년의 전통을 버리고 왜 주위의 눈총과 멸시를 피할 수 없었던 '야소(예수)교'를 택했던 것일까? 신앙의 유일성 속에서도 초기 기독교 선구자들은 어떻게 영성적 깊이를 지니면서도 신앙과 민족과 이웃이 화해하는 현실을 만들어갈 수 있었을까?"

저자의 질문은 영성가들의 삶을 순례하면서 자연스레 풀린다. 그들의 삶이 저자의 가슴을 먹먹하게 하고 지금도 귀와 온몸에 울림을 주고 있다고 한다. 『울림』에는 24인의 거룩한 발자취가 담겨 있다. '숨은 영성가 찾기'라는 저자의 의도에 따라 이미 널리 알려진 그리스도인들은 이 책에서 제외되었다. 따라서 숨어 있는 선지자들만 여기 모여 있다. 신학과 문학을 공부했다고 하는 필자로서도 최소한 열 분의 이름과 행적은 매우 낯설었다. "이름 없이 빛도 없이 감사하며 섬기리다"라는 찬송의 대상을 만나고 있다는 생각에 내 가슴에도 은은한 울림이 왔다.

24인 중에는 필자가 본서에서 다룬 김교신, 권정생, 두 분도 들어 있다. 나는 그분들의 문학적 업적이 탁월했던 점에서 선택하였지만, 이 책 『울림』에서는 영성의 조명을 받아 신앙인으로서의 본질이 밝혀지고 있다는 점에서 크게 다르다. 이승훈, 김약연, 유영모 같은 겨레의 스승들이나 김익두, 이용도 같은 유명한 설교자들은 사실 숨은 영성이라 할 수 없다. 김재준, 변선환의 학문적 삶이나 장기려, 유일한 같은 베풂의 삶도 감추어진 것이 아니다. 그러나 이 책의 5장 '하늘의 문을 열다'와 6장 '버림받은 당신을 하늘처럼'에 소개된 이름 없는 영성가들의 삶이 오히려 감동의 극치를 이룬다.

이세종은 초대교회의 교부들을 능가하는 영성으로 하늘 문을 여는 체험을 했고, 최흥종은 한센병자들의 아버지가 되어 세상의 모든 욕망을 벗어 버렸다. 그래도 이 두 분의 이름은 세간에 아직 남아 있으나 손임순, 이현필, 강순명, 이보한, 방애인 등은 그 이름과 영성조차 까맣게 모르는 사람이 많다. 이들은 하나같이 예수 그리스도를 본받아 모든 것을 나누고 비우며, 걸인과 고아를 섬기다가 하나님나라로 옮겨간 참된 영성의 소유자들이었다.

이 책은 지나간 시대의 영성가들만 다루고 있지 않다. 특히 저자의 친구로서 40세에 짧은 삶을 마감한 채희동 목사의 이야기는 지금도 우리 곁에서 생생한 울림을 주고 있는 것 같다. 그는 시골 작은 교회에서 목회하며 하나님과 사람, 그리고 자연을 한 생명으로 여겼다. 불의의 교통사고로 세상을 떠나기 전, 그는 자신이 홀로 만들어온 『샘』이라는 계간지에 아래와 같은 글을 실었다.

> "이제는 앞만 보고 달리지 말고 사랑하는 이웃과 더불어 이 봄길을 걸어 봐요. 그저 앉아서 하늘의 복만 구하지 말고 우리 함께 논밭을 일궈 씨를 뿌리고 땀을 흘려 일하는 농부가 돼요. 가을의 논과 밭이 아무것도 소유하지 않고 농부에게, 하늘을 나는 새와 산짐승에게 모든 양식을 공평하게 나누어주듯이 이웃과 더불어 얻은 양식은 내 것이 아니라 하늘의 것이라 여기며 나누어주어요. 그래서 마침내 아무것도 걸치지 않은 알몸으로 주님을 맞이하는 겨울나무처럼, 그대와 나 그렇게 살아요."

### 조현(1963~ )은

한겨레신문 논설위원이며 종교전문기자로 활동하고 있다. 조연현이라는 이름을 조현으로 바꾸어 필명으로 사용한다. 일반 기자로 일하다가 종교 분야에 자원하여 명상, 영성, 치유, 공동체 관련 주제를 대상으로 삼아 취재와 저술에 전력하는 모습이다. 기독교보다도 불교에 대한 글이 더 많고 대종교와 인도 문화를 소재로 한 집필도 왕성하다.

그러나 저자의 종교적 배경은 기독교이다. 그는 어머니와 일곱 남매 중 다섯 사람이 기독교인이라 밝히고 있으며, 자신도 청소년기까지 교회에 다니다가 여러 가지 이유로 출석하지 않게 되었다고 하였다. 그러던 중에 시골목사인 친구의 죽음으로 인해 기독교 영성가들을 발굴하는 작업에 들어가게 되었다. 그 친구는 계간잡지『샘』을 발행하면서 생명 존중과 평화 실현의 삶을 살던 고 채희동 목사이다. 채희동을 포함한 영성가들의 헌신적 삶이 하나로 묶여진 책이 바로『울림』(한겨레출판사, 2014)이다.

『울림』은 한국의 주요 신학대학에서 필독도서로 선정되었으며 영성가들의 삶을 재조명하는 계기로 작용했다. 저자의 글은 교회에 대해 비판적이면서도 기독교 자체에 대한 사랑이 깔려 있다. 그 위에 영성가, 수도자, 인문학자들의 벗으로 살아가고자 하는 자신의 의지가 드러난다. 『나를 찾아 떠나는 여행』,『인도 오지 기행』,『지금 용서하고 지금 사랑하라』,『그리스 인생학교』등의 저서를 냈다.

# The Must Read in
# Korean Christian Literature

후기

후
기

## 정장복 시 <네가 무엇을 보느냐>와
## 이 시대의 격동

한국의 기독교는 어느 때부턴가 정치권력에 친근하고 보수를 지향하는 세력으로 인식되기 시작했다. 인터넷을 중심으로 기독교에 대한 비방과 조롱이 난무하고 젊은이들이 교회를 떠나는 현상이 뒤를 이었다. 기독교문학도 이런 현실을 외면하거나 단순한 교회 비판 정도의 차원에 머물러 있을 뿐이었다.

권력에 시중드는 것은 한국 기독교의 역사에 비추어 볼 때 추호도 용납될 수 없는 일이다. 3·1정신의 기틀을 이루고 근대 민족주의의 발길을 선도한 것이 이 땅의 기독교였다. 6·25의 비극 앞에서 겨레의 위로처가 된 곳도 바로 교회였다. 그러나 날이 갈수록 한국의 교회는 어찌된 일인지 의의 길을 걷는 자리에 점점 모습을 보이지 않게 되었다. 천만이 넘는 교인의 숫자를 자랑할 무렵부터 생긴 일이며, 교회 건물의 위용이 높아질 때 더욱 심화된 일이다. 정의로운 자리에서 받는 고난은 천주교가 대신 짊어진 것 같았다. 사람들의 눈에는 그렇게 보였다.

불의와 부정부패 앞에서 그리스도인은 분노해야 한다. 하나님의 의에 역행하는 일을 막아서야 하는 일에 신교와 구교가 따로 있을 이유가 없다. 문학으로 법률로, 더 나은 기술 개발로, 따뜻한 인술로 세상을 변화시키는 주역이 되어야 한다. 시대의 어려움이 피부에 와 닿는 이때 우리 한국의 기독교문학은 어떤 모습을 보여주고 있으며 어떤 미래를 제시하고 있는지 살펴보아야 할 필요가 있다.

얼마 전에 세상을 발칵 뒤집어놓은 하나의 법률이 있었다. '부정청탁 및 금품 등 수수의 금지에 관한 법률' 이른바 '김영란법'이라고 불리는 그것은 세상의 어두운 관행은 물론 식사와 선물 문화까지를 일거에 바꿔놓았다. 필자 역시 많은 부분에서 옛사람의 습관을 벗어 버리게 되었던 기회였다. 그때 어떤 기독교 지도자의 글은 내게 신선한 충격으로 다가왔다.

"이러한 시대적 변화에 어떤 형태로든지 우리의 교회도 동참해야 한다는 목소리가 나와야 한다고 본다. 바깥세상은 이 법에 의하여 움직이는데, 교회는 대상으로 명기되어 있지 않아서 자유로울 수 있다는 궤변은 없어야 한다. 교회도 이 법률의 대상기관이 되었다면 참 좋았을 것이라는 생각을 해 본다. 교계 지도자들은 가장 아름다운 예배당을 가지고 있으면서도 지도자들의 모임은 언제나 값비싼 호텔을 사용해 왔다. 그 소요 경비가 자신들의 것이 아니라 교인들이 하나님 앞에 봉헌한 예물이라는 것을 전혀 생각하지 않은 듯 싶었다. 교계 지도자들의 호텔 모임에 대한 비판이 많았음에도 이에 대한 시정은 그동안 되지 않았다. 분명히 사회의 변화를 몰고 오게 될 이 법안에 대해 아쉬운 마음이 있더라도 이제 교계 지도자들도 쌍수를 들어 박수를 쳐야 한다. 어찌 보면 교회가 먼저 이러한 법률을 만들어 달라고 입법기관에 청원했어야 한다. 그러나 고급 장소와 고급 음식에 젖어 있는 교계 지도자들은 상류인의 신분처럼 사치스러운 무대를 더 즐겼다. 이 새로운 법률은 교계 지도자들에게 거듭하여 생각할 수 있는 길을 열어 주었다. 이제는 앞서서 검소하고 청렴한 삶의 솔선수범을 외치는 신앙 양심이 작동하리라 기대해 본다."

이 목소리의 주인공은 원로 설교학자인 정장복 총장이었다. 그는 장로회신학대학교 설교학 교수를 지내고 한일장신대학교의 총장으로 은퇴하였다. 교회 지도자들이 이 법률을 먼저 청원했어야 한다는 그의 주장에 필자도 깊이 공감했다. 개혁의 단초가 될 봉화를 올리는 듯한 느낌을 받을 수 있었다.

그러나 김영란법으로 상징되는 변화는 곧이어 닥쳐온 '민간인에 의한 국정농단사태'(박근혜 최순실 게이트)에 그 자리를 내어주고 말았다. 대통령 탄핵을 외치는 분노한 국민의 함성이 촛불로 타올랐다. 광화문에서, 여의도에서, 한국인들이 살아가는 가깝고 먼 땅 모든 곳에서, 그리고 우리의 가슴 한복판에서 꺼지지 않는 불꽃이 되었다. 이때를 위함이었는지 그 설교학자는 문예지를 통해 시인으로 등단해 있었다. 정장복 시인은 시국 한탄시 〈네가 무엇을 보느냐〉를 발표했다.

네가 무엇을 보느냐?*
잡귀들이 이 나라 온 누리에
날고뛰는 것을 보나이다
고관대작들이 굿을 하면서
나라님 손잡고
괴이한 춤추는 것을 보나이다


또 네가 무엇을 보느냐?
그것들이 달콤한 간판 걸고
피땀 흘려 재벌 된 사람들 유혹하고
마수(魔手) 뻗혀 긁어모은 먹이를
꿀꺽 꿀꺽 삼켰음을 보나이다


또 또 네가 무엇을 보느냐?
심판 주 야훼님의 뇌성소리에
변명하는 작자들
질겁하여
토해내는 추한 모습을 보나이다

또 또 또 네가 무엇을 보느냐?
그 작자들이 토해낸 오물들로
구역질 두통 고통이 극심하여
백만이 넘는 촛불로 밤하늘을 밝히는
한탄의 대열을 보나이다

네가 보는 것이 그게 전부더냐?
무엇을 두고 또 물으시나이까?

아! 보나이다
야훼님이 내나라 내민족
끔찍이 아끼시어
잡귀들이 온 나라를 통째 삼키려는 것
용납지 아니하심을 보나이다
아! 여호와 삼마**를 보나이다

2016년 11월 12일

*(렘 1:11~13)

**야훼께서 거기 계시다(겔 48:35)

이 시는 직설적 표현 방식을 구사하고 있는 한편에 예언자의 환
상을 소재로 삼아 국가의 미래를 소망으로 승화시키고 있다. 유다 왕국의
멸망과 회복을 예언한 예레미야와 에스겔의 음성이 이 시대 설교자 시인

·의 애국적 외침과 겹쳐 우리의 가슴을 찌른다. 더 이상 한국교회와 교회 지도자들이 민심을 외면한 권력 옹호 세력으로 남아 있어서는 안 된다.

2017년, 종교개혁 500주년을 맞이하는 개신교와 그 개혁의 대상이었던 천주교는 어떤 개혁의 방향을 취하게 될 것인가? 그리고 한국 사회와 교회는 어떤 변화의 길로 들어서게 될까? 예레미야와 에스겔 같은 예언자의 말씀과 글이 나라의 앞길을 제시하고 인도했던 것을 우리는 안다. 이 시대의 진실한 기독교문학은 우리의 나아갈 바를 밝혀 주는 믿음의 등불이다.